ZEBULON VERLAG

Bernd Michels

Spionage auf Deutsch
Wie ich über Nacht zum Top-Agent wurde

Bernd Michels

Spionage auf Deutsch

Wie ich über Nacht zum Top-Agent wurde

ZEBULON VERLAG

Die Deutsche Bibliothek - CIP Einheitsaufnahme

Michels, Bernd:
Spionage auf deutsch : wie ich über Nacht zum Top-Agent wurde / Bernd Michels. - Düsseldorf : Zebulon-Verl., 1992
(Zebulon aktuell)
ISBN 3-928679-06-6

Umschlag: Claudia Gärtner unter Verwendung eines Titelfotos von Video Media, Kiel
Lektorat: Anette Albrecht

Gesamtherstellung: Druckerei Locher GmbH, Köln
ISBN 3-928679-06-6

Inhalt

1991: BILD und BKA auf Agentenjagd

Keine Ahnung, wie Top-Agenten in der Regel gefangen werden. Die Jagd auf mich ist jedenfalls ziemlich aufwendig. Sie beginnt am frühen Mittwochmorgen des 6. November 1991 gleichzeitig in Kiel und Rostock. Dem Anlaß entsprechend sind Deutschlands ranghöchste Agentenjäger im Einsatz. Vom Generalbundesanwalt gleich dutzendweise angeheuert, von der BILD-Zeitung angefeuert, Bernd Michels im Fadenkreuz. Doch obwohl das zeitlich aufeinander abgestimmte Aufbrechen von Haustüren auf eine gewisse Professionalität schließen läßt, komme ich doch nicht umhin, gravierende logistische Mängel der Aktion zur Sprache zu bringen. Bei der Beurteilung des Vorgehens kann ich zwar nur als Laie, immerhin aber als betroffene Zielperson auftreten.

Es beginnt schon damit, daß ich trotz sorgsamer und umfangreicher Vorermittlungen des Bundeskriminalamtes im entscheidenden Moment nicht zu Hause bin. Auf diesen bedauerlichen Umstand ist dann wahrscheinlich auch der zweite Fehlschlag zurückzuführen: Bei der ersatzweise durchgeführten Hausdurchsuchung muß mein klärender Hinweis gefehlt haben, daß nicht das große, sondern das kleine Arbeitszimmer in der Kieler Wohnung mir zuzuordnen ist, was den gängigen Vorstellungen deutscher Beamter über die intellektuelle Arbeitsaufteilung in einer deutschen Ehe offensichtlich widerspricht. Dies hat hier zur Folge, daß vor allem Papierkram, Telefonbücher und Stadtpläne meiner Frau als Beweismittel sichergestellt werden. Der Begriff "Beweismittel" reduziert sich nach diesem amtlichen Mißverständnis allerdings auf "Mittel", die ausschließlich dafür geeignet sind, zu beweisen, daß meine Frau viel telefoniert, Visitenkarten sammelt und gelegentlich Urlaub macht.

Auch in Rostock - meinem Zweitwohnsitz - trifft es die Bonner Staatsschützer wie in Kiel völlig unvorbereitet. Denn auch hier bin ich nicht zu Hause. Schlimmer, da wo sie suchen, kann ich gar nicht zu Hause sein. Ein Namensvetter wird heimgesucht und vorläufig festgenommen unter dem Verdacht, die letzten zwanzig Jahre für die DDR spioniert zu haben. Daß jener falsche Bernd Michels selbst gerade erst zwanzig Jahre alt ist, muß im Geheimdienstmilieu ja nichts heißen. Was ist schon der Augenschein gegen eine gründliche Vorermittlung höchster deutscher Dienststellen. Immerhin, der Mann kommt frei, und schon nachmittags haben die Agentenjäger das wahre Schlupfloch entdeckt. Da taucht ein neues Problem auf. Weil der Hausdurchsuchungsbefehl für die falsche Adresse verbraucht ist, fehlt nun das entsprechende rechtsstaatliche Papier für eine Durchsuchung meiner tatsächlichen Zweitwohnung. Gut, daß man es bei den Hausbesitzern mit Ossis zu tun hat, schlecht, daß die dennoch solche Unkorrektheiten bemerken. Noch schlechter, daß die Beamten des Bundeskriminalamtes dort ausgerechnet jenes Gerät übersehen, das sie in einer späteren Sonderaktion auf meinen eigenen harmlosen Hinweis hin als einzig relevantes "geheimdienstliches Werkzeug" unter allen beschlagnahmten "Beweismitteln" aus Rostock holen: das Transistorradio, Marke "Weltempfänger".

Nach allem Vorgesagten könnte der Eindruck entstehen, daß jenes Bundeskriminalamt, dem wir alle bei der Jagd auf Drogenhändler, Spione und Wirtschaftskriminelle nur ein glückliches Händchen wünschen können, gelegentlich vom Pech verfolgt scheint. Doch der Schein trügt: Die Strecke, die die BKA-Jagd am 8. November 1991 vorzuweisen hat, kann sich trotz alledem sehen lassen. Verstört, entsetzt und fassungslos hinterbleiben ein Hausmeister, ein Ministerpräsident, eine Freundin, ein Funkhausdirektor, ein Nachbarskind, ein Minister, zwei Sekretärinnen und eine Schwiegermutter - wenigstens für diesen Tag.

Bleibt die berechtigte Frage, wo ich an diesem Mittwoch eigentlich gewesen bin: am Strand von Miami, Florida, USA. Fette Amerikanerinnen im Blick, Postkarten schreibend, Burger kauend, stolz auf mein Land, das doch so viel mehr Kultur, politisches Bewußtsein und soziale Verantwortung erfahren läßt als dieses schrille Amerika.

Der Vollständigkeit halber sei erwähnt, daß sich ein BKA-Abteilungsleiter, als ich letztlich doch noch im Hochsicherheitstrakt von Bonn-Meckenheim vorgeführt werden kann, sichtlich geknickt für die, wie er sich ausdrückte, "unglücklichen Umstände", der bislang gelaufenen Aktionen entschuldigt. Diese - so das BKA - lägen an der BILD-Zeitung. Es gäbe da ein Loch im Bundesinnenministerium, jener übergeordneten Behörde, der er, der BKA-Mann berichtspflichtig sei, und aus der immer wieder, sehr zum Schaden aller Ermittlungen, Namen und Tatverdächtigungen an die Springer-Presse gelangten. So habe man in meinem Fall den Tip bekommen, daß jene auflagenträchtige Zeitung am Donnerstag, den 7. November, mit einer großen Agentenstory über mich herauskommen wolle. Klar doch, daß man da am 6. November habe zuschlagen müssen. Der Fakt, daß in der BILD-Zeitung vom 7. November weder mein Name, noch eine, wie auch immer geartete Agentenstory zu lesen war, spricht nur scheinbar gegen den BKA-Abteilungsleiter. Schließlich holt das Boulevard-Blatt eine Woche später alles nach. Und: Wer will es deutschen Behörden, noch dazu solchen, die der Rechtspflege dienen, verdenken, wenn sie den Zeitpunkt ihres Handelns und die Verhältnismäßigkeit ihrer Mittel von den verantwortungsvollen Entscheidungen der auflagenstärksten Zeitung abhängig machen .Aber ich will den Dingen nicht vorgreifen.

An jenem 6. November sitze ich ja - wie schon gesagt - am Strand von Miami, und kenne das BKA nur vom Hörensagen. Ein Zustand, den ich jedem Bundesbürger nur empfehlen kann. Glaubt man allerdings der BILD-Zeitung eine Woche später, dann beschatten mich in diesem Augenblick FBI-Agenten. Eine Vorstellung, die wahrlich ihren Reiz hat. Zwei Agenten für einen. Ich denke an Jerry Cotton und seinen Freund Phil, an den roten Sportwagen, der mir wird auffallen müssen, und an meine Wichtigkeit. Selten wird einem zuteil, schwarz auf weiß für so wichtig gehalten zu werden, daß legendenumwobene Institutionen sich höchstselbst um einen kümmern.

Wir wissen von gar nichts in diesen Tagen auf Key West, in Palm Beach und anderen Kultstätten kapitalistischer Glaubenskrieger, die ich mit Frau und Freundin - der meiner Frau füge ich vorsorglich für kommende Serien an - ganz planlos besichtige. Dort nehme ich Motels nach Augenschein in Anspruch und halte auch an Presseständen mit der Bezeichnung "international" vergeblich nach deutschen Zeitungen Ausschau. Später wird die am häufigsten gestellte Frage sein: "Ja, habt ihr denn wirklich nichts gewußt?" Als ob Druckerschwärze in Europa je einen Menschen in Amerika in Aufregung versetzt, schon, weil es sie hier eben nicht zu kaufen gibt. Auch Magenkribbeln, innere Stimmen oder bedeutungsschwangere Visionen wollen sich nicht einstellen: nur Sonne, Meeresrauschen und Steaks. So gelangen wir arglos und guten Gewissens auf den Nachtflug 767 der United Airlines. Dabei übersehen wir jenen netten Mittvierziger, der im Airport von Washington für ein paar Dollar mehr als den doppelten Flugpreis zwei schon gebuchte Passagiere davon überzeugt, daß sie für die höheren Werte bundesdeutscher Pressefreiheit zu seinen Gunsten auf die Plätze in dieser Maschine verzichten müßten.

Eine Stunde nach dem Start sehe ich zum ersten Mal in meinem Leben New York, wenn auch nur von oben. Nur drei Stunden später sehe ich mich zum ersten Mal in meinem Leben in BILD. New York ist schöner. "Ich habe bad news für Sie", sagt Walter Unger, eigentlich ein ganz sympathischer Mann: Springer-Auslands-Dienst, New York. Man hat sich Mühe gegeben. Vor mir liegt ein Telefax der BILD-Titelseite vom 15. November 1991. Weil diese Übermittlungstechnik nur DIN-A-4 versendet, lese ich:

"Engholm Stasi-Spion": Kiosk-Irritierer nennt man das oder auch drucktechnisch mit der Wahrheit spielen, auf jeden Fall hat man die Zeitung schon mal gekauft, bevor man den Irrtum bemerkt. Zunächst gilt es die fein gesponnene Komposition von aufeinander abgestimmten Schlagzeilen zu bewundern. Denn ob nun Engholm oder ich: Es sind zweifelsfrei Sozis, die das Vaterland verkaufen. "Fürstin Gloria verkauft Aschenbecher" steht als zweite Schlagzeile darunter. Woran erkennbar wird, daß der deutsche Adel nie auf ideelle Werte zurückgreift, selbst wenn es ihm noch so dreckig geht. Wie steht es dagegen mit den Sozialdemokraten?

Nähere Ausführungen lese ich auf dem zweiten Telefax, der BILD-Titelseite vom 16. November 1991, auf der ich mir die Schlagzeilen nicht nur mit Klose, sondern zu allem Überfluß auch noch mit meiner Frau teilen muß:

"Klose Scheidung - sofort Hochzeit", dazu zwei Fotos, eins mit der alten, eins mit der neuen Gattin. Darunter ebenso fett der "SPD - Spion" mit folgenden Reiz-Zeilen: "Seine Frau liebte SPD-Politiker - 'Mein Mann ist beim Roulette, komm zu mir ins Bett'", was gleich mehrere Fragen aufwirft. Zuallererst natürlich die, ob Sozialdemokraten, die nicht mal in ihren eigenen Betten für Stabilität und Ordnung sorgen können, für Staatsämter überhaupt geeignet sind. Dann die Sache mit dem Reim: Was wäre gewesen, wenn ich nun lieber Skat spielen würde, hätten es SPD-Politiker - und wieviele eigentlich - mit meiner Frau dann im Bad treiben müssen? Schließlich: Welche Prämien bekommen BILD-Redakteure für solche Super-Texte?

Ich habe andere Sorgen. In fünf Stunden soll ich in Frankfurt verhaftet werden. Schließlich hat mich die BILD-Zeitung überführt: "Eine Nachricht wie ein Paukenschlag. Das Bundeskriminalamt hat den Top-Spion enttarnt, der jahrelang alle SPD-Geheimnisse an die Stasi verriet. BILD enthüllt exklusiv: Der Mann heißt Bernd Michels, ist Redakteur des NDR. Er sollte ein zweiter Guillaume werden." Ich soll gezittert haben, als ich das lese, schreibt die BILD-Zeitung zwei Tage später. Und weiter: "Erst nach drei Dosen Budweiser findet Michels seine Sprache wieder. Der Vorwurf läßt ihn kalt ... Als letzter verläßt er die Gangway. Er wirkt ruhig ... Seine hübsche Ehefrau bricht in Tränen aus." Humphrey Bogart-Filme sehe ich heute noch gerne.

Sagen wir mal so: Ich weiß bei der Ankunft in Frankfurt zunächst nicht, wer nun mein Rechtsanwalt und wer vom Bundeskriminalamt ist. Die Begrüßung ist jedenfalls allseits herzlich. Natürlich ist immer der gutmütige Herr im Columbo-Mantel vom BKA und der streng dreinblickende Mann im Ledermantel der Verteidiger, aber beim ersten Mal sind solche Verwechslungen verzeihlich. Warum anschließend mein Urlaubsgepäck nach Spionage-Werkzeugen durchsucht wird, verwirrt mich: Immerhin werden selbst gewöhnliche Einbrecher nicht mit ihrem Bohrer in die Ferien fahren, geschweige denn Top-Agenten ihre Funkausrüstung mit an den Strand schleppen. Aber Vorschrift ist Vorschrift, klärt mich der Columbo vom BKA auf, und deshalb läßt er die Schmutzwäsche anheben und weist großzügig darauf hin, daß er auf Handschellen verzichtet. Das hat Stil und schafft zugleich Atmosphäre.

Wir fahren durch einen Hintereingang vom Frankfurter Flughafen, neppen die Fotografen. "Wir wollen doch Ihre Intimsphäre wahren", sagt Columbo, die BILD-Zeitung auf dem Schoß, empört über die vielen Schmuddelgeschichten: "Wir haben damit nichts zu tun." In der BKA-Festung von Bonn-Meckenheim wird Kaffee zum Verhör serviert. Ich will zur Sache aussagen, wenn es denn Sachen gibt, zu denen ich etwas sagen könnte. Doch ich werde nicht mit Sachen, sondern mit dem Paragraphen 99 Strafgesetzbuch (StGB) konfrontiert, gegen den ich zwanzig Jahre lang verstoßen hätte. Ich sage: "Nein" und schon ist die Atmosphäre hin. Der gutmütige Columbo kriegt einen Tobsuchtsanfall. Dafür wäre ihm seine Zeit zu schade. Er könnte jetzt haarklein alle möglichen Sachen erzählen und ich könnte dann immer alles abstreiten, so käme man doch nicht weiter. Aber er erzählt weder haarklein noch holzschnittartig grob, wer, wann, was, wie und wo gegen den Paragraphen 99 verstoßen hätte. Ohne diese fünf "w", das habe ich schon als Volontär gelernt, ist eine Geschichte nichts wert, also kann ich zur Sache nichts beitragen. Darauf entschließt sich das BKA, mit mir chinesisch essen zu gehen: Abalone-Suppe und immer noch ohne Handschellen.

Eine Art Henkersmahlzeit, denn der Nachtisch wird in Form eines Bechers Muckefuck in der richtigen Zelle serviert. Das Heim nennt sich "Bonner Loch" und während der schlaflosen Nacht höre ich viele ausländische Mitbürger nach Freiheit und Zigaretten schreien. Mich siezen die Beamten, lassen mir Tabak und Feuer: Es scheint, daß sie meine kriminelle Energie nicht richtig ernst nehmen. Aber wie ist das mit den anderen Zeitgenossen? Mein Anwalt hatte mir einen Packen Zeitungen mitgegeben. Jetzt habe ich Zeit zum Lesen.

Es ist Sonntagabend, der 17. November 1991, schon fast Mitternacht. Noch hat mir die Strafverfolgungsbehörde außer dem allgemeinen Vorwurf der "geheimdienstlichen Tätigkeit für eine fremde Macht" nicht eine konkrete Tat benannt, zu der ich hätte Stellung nehmen können. Dennoch lese ich schwarz auf weiß ohne Fragezeichen, Möglichkeitsform oder Anführungszeichen, als wären es Tatsachen, die vor Gericht nachgewiesen zu meiner rechtskräftigen Verurteilung geführt hätten: Bernd Michels war der Top-Spion in der SPD - Er stand auf einer Stasi-Gehaltsliste - 120.000 DM erhalten - Von Stasi-Oberst Peter Eberlein angeworben - Alle Geheimnisse sofort nach Ost-Berlin gefunkt - Wolf-Intimus Wagenbreth war sein Führungsoffizier - DDR-Kampforden erhalten - Spielschulden von der Stasi bezahlt - Funkgerät in seiner Wohnung gefunden - Michels hat zwei Gesichter.

Soweit BILD, SPIEGEL, HAMBURGER MORGENPOST, KIELER NACHRICHTEN und einige Regionalblätter. Nachrichten, von denen nicht eine einzige stimmt. Nachrichten, deren Quellen mit "Kennern", "Kreisen der Kieler Landesregierung" und "Kreisen des BKA" oder der "Bundesanwaltschaft" umschrieben sind. Bravo Kollegen, bravo Behörden, Ämter und Regierungen, die mit Behauptungen hausieren gehen, deren Wahrheitsgehalt erst noch nachgewiesen werden soll. Wie gut, daß ich mich wehren kann, einflußreiche Sozialdemokraten zu meinen Freunden zählen, denke ich. Die müssen mich eigentlich besser kennen, und wenn nicht, wenigstens jene rechtsstaatlichen Prinzipien für mich und meine Situation gelten lassen, die sie in vielen Reden, Parteitagsbeschlüssen und Regierungserklärungen engagiert beschwören.

Auf die SPD kann man sich verlassen: "Engholm distanziert sich von Michels" lese ich, und dann von vielen Genossen, die ihre Unschuldsvermutung in tiefe Betroffenheit und vorauseilende Enttäuschung kleiden. Genossen, ich danke euch für den herzerfrischenden Beistand, möchte ich ihnen zurufen. Doch ich fürchte, daß sie in ihren Schützengräben noch schlechter hören als in ihren angestrebten Kommandoständen. Die "öffentlich gebrauchte Vernunft" gebietet wohl den öffentlichen Nichtgebrauch von Solidarität.

Zurück in die Zelle. Auf dem Flur randalieren Asylanten: Sie sollen abgeschoben werden. Es gibt viele Menschen, denen es noch schlechter geht als mir.

Am nächsten Tag fährt Columbo mit mir nach Karlsruhe. Noch nie habe ich jene Kathedrale der dritten Gewalt in natura gesehen, jetzt darf ich sogar rein. Und draußen stehen die Kollegen, richten dutzendweise ihre Objektive auf den rechten Hintersitz eines BKA-Mercedes, den Platz des Delinquenten. "Sie kennen das ja", sagt Columbo. Aus dieser Perspektive noch nicht, aber Neuland betritt man oft unverhofft. In der Kantine des Bundesgerichtshofes spricht mich ARD-Kollege Möller an: "Das war ein schwerer taktischer Fehler, Kollege. Sie hätten sagen sollen, daß sie die BILD-Zeitung schon in Florida gelesen hätten und nicht erst im Flugzeug. Verstehen Sie? Wegen der Fluchtgefahr, die muß der Ermittlungsrichter doch gleich beurteilen." Das Publikum an den Tischen starrt mich an, als sei ich der leibhaftige Spion, der aus der Kälte kam. Ein junger BKA-Beamter an meiner Seite - Columbo ging pinkeln - erklärt mir offen seine Sympathie: wegen meiner Fernsehreportagen über Müllskandale. Wir diskutieren über Recycling und über die Abfall-Mafia. Für solche Leute ist sich Karlsruhe zu schade. Schade.

Ermittlungsrichter Dr. Beyer empfängt uns förmlich, aber nicht unhöflich. "Der ist neu", flüstert mir ARD-Möller noch zu, bevor sich die Türen schließen, "bei dem weiß man nicht, was am Ende herauskommt." Routinierte Rechtsstaatlichkeit ist offensichtlich medienfreundlicher.

Dr. Beyer diktiert fürs Protokoll: "Dem Beschuldigten wurde eröffnet, welche Taten ihm zur Last gelegt werden und welche Strafvorschriften in Betracht kommen." Von den Taten kein Wort, dafür deren viele über in "Betracht kommende Strafvorschriften." Aber es ist ja erst der Anfang. Dr. Beyer weiter: "Paragraph 99 des Strafgesetzbuches wurde vorgelesen." Und hier passiert mir ein Fehler. Weil ich weiß, daß ich unbewußt und bewußt vielfältigen Kontakt zu MfS-Leuten in den letzten zwanzig Jahren hatte, gebe ich zu, was sich im Protokoll am Ende so widerfindet: "Die Anschuldigungen entsprechen im großen und ganzen der Wahrheit." Das stimmt nun ungefähr so, wie die Rechtschreibung in Protokollen des Bundesgerichtshofes: sehr eingeschränkt. Denn tatsächlich habe ich in den letzten zwanzig Jahren erst unbewußt und dann bewußt "im großen und ganzen" Kontakte zu Stasi-Leuten gehabt. Wahrscheinlich nicht mehr als andere westdeutsche Journalisten, auf jeden Fall weniger als Franz-Josef Strauß. Aber solche Polemik gehört hier nicht her. Wir befinden uns schließlich im höchsten Organ deutscher Rechtspflege und es geht um Sein oder Nichtsein: Zelle oder Freiheit. Bedauerlich, daß so profane Bedürfnisse der vorbehaltlosen Wahrheitsfindung oft im Wege stehen. Aber sie sind wirklich nicht vom Beschuldigten zu verantworten, sondern von Dr. Beyer, von dem ich nicht weiß, was schlimmer ist: daß er ziemlich desinteressiert an der Wahrheitsfindung ist oder daß er sich Mühe gibt, keinen Fehler zu machen, der ihm später zum Nachteil gereichen könnte. Er ist eben ein deutscher Jurist, ausgewogen wie wir beim Fernsehen. Leider begnügt er sich nicht mit neunzig Sekunden, dem Maß aller Dinge bei der Tagesschau. Statt dessen blättert er, zitiert und fragt immer im gleichen Tonfall, der weder Schärfe noch Nachsicht erkennen läßt, den Vertreter der Bundesanwaltschaft, mich, den Mann vom BKA oder meinen Verteidiger. So werden wir zur trauten Runde, blicken uns gelegentlich fragend an, Aufklärung zuweisend, wenn Dr. Beyer wieder einmal etwas nicht begriffen hat: "Also, Parteitagsbeschlüsse sind öffentlich, eigentlich werden sie ja nur für die Öffentlichkeit beschlossen, weniger für die Partei." Dr. Beyer weiß nicht, ob er das ernst nehmen soll, entschließt sich dann

§ 99 StGB Geheimdienstliche Agententätigkeit

(1) Wer
1. für den Geheimdienst einer fremden Macht eine geheimdienstliche Tätigkeit gegen die Bundesrepublik Deutschland ausübt, die auf Mitteilung oder Lieferung von Tatsachen, Gegenständen oder Erkenntnissen gerichtet ist, oder
2. gegenüber dem Geheimdienst einer fremden Macht oder einem seiner Mittelsmänner sich zu einer solchen Tätigkeit bereit erklärt,

wird mit Freiheitsstrafe bis zu fünf Jahren oder mit Geldstrafe bestraft, wenn die Tat nicht in den §§ 94, 96 Abs. 1, in § 97a oder in § 97b in Verbindung mit den §§ 94, 96 Abs. 1 mit Strafe bedroht ist.
(2) In besonders schweren Fällen ist die Freiheitsstrafe von einem Jahr bis zu zehn Jahren. Ein besonders schwerer Fall liegt in der Regel vor, wenn (.....).
(3) (....)

Die Kommentare zum Strafgesetzbuch bezeichnen diese Vorschrift als den "zentralen Agententatbestand", mit dem "annähernd jede geheimdienstliche Tätigkeit" mit "nachrichtendienstlichem" Charakter erfaßt wird. Dieses Verständnis der Vorschrift trage "der Tatsache Rechnung, daß eine der Hauptaufgaben heutiger Nachrichtendienste in der möglichst lückenlosen Erfassung aller irgendwie erheblichen Fakten und Geschehnisse in einem fremden Staat liegt; die präzise Kenntnis der Gesamtverhältnisse eines fremden Staates, die sich aus der Zusammenstellung und wissenschaftlichen Auswertung solcher Fakten ergibt, kann für machtpolitische und militärische Entscheidungen oftmals wichtiger sein, als die Kenntnis echter Staatsgeheimnisse des fremden Landes." "Strafbar ist also etwa, wer für einen fremden Geheimdienst Artikel aus Tageszeitungen über bestimmte Themen sammelt" - auch wenn dieser Dienst das Material aufgrund von systematischer Zeitungsauswertung selbst besitzt. Nach dieser Vorschrift hat daher auch Grund zur Vorsicht, wer seinem "beim Staat" beschäftigten Verwandten in der früheren DDR unregelmäßig die Arbeitslosen- oder Sozialhilfeempfänger-Statistiken -ganz unkonspirativ- brieflich beklagte; nicht zu reden von den tausenden von Parteipolitikern, Ministerialen oder Ministern, die in der DDR auf Besuch aus dem Nähkästchen plauderten, "zumal eine einmalige Tätigkeit ausreichen kann" (alle Zitate aus Schönke/Schröder Strafgesetzbuch Kommentar, zu § 99 STGB).

zu einem überraschenden Geständnis: "Sie müssen schon entschuldigen. Ich habe die Akten ja eben erst auf den Schreibtisch bekommen. Wo finde ich denn nun diese Geschichte mit der Gehaltsliste der Stasi, auf der Herr Michels stehen soll? Ist die hier drin?" Der Mann von von Stahl beflissen: "Seite soundso." Dr. Beyer blättert, findet und liest vor: "Aussage Eberlein: Solche Zahlungen waren in unserem Haus üblich, sie entsprechen sozusagen geheimdienstlicher Praxis, deshalb ist auch von Zahlungen an Michels auszugehen." Auch die Lotto-Zentrale zahlt üblicherweise aus, wenn man die richtigen Zahlen trifft. Dr. Beyer schüttelt den Kopf, hatte wohl mehr erwartet. Immerhin, so doziert er weiter, seien die Treffen mit den Leuten vom MfS ja unstrittig. Irgend etwas müsse ich mir dabei doch gedacht haben, in all den Jahren von Anfang der siebziger Jahre bis heute.

Da hat er eigentlich recht. Aber wenn ich das alles hier in unserem Club erzähle ..., zum Beispiel die Sache mit meinem Onkel. Eine Einlassung würde das Dr. Beyer nennen. Ein Geständnis würde der Mann von von Stahl frohlocken. Und wahrscheinlich würde mir wieder nur die nette Dame an der Schreibmaschine interessiert zuhören. Frauen lieben Geschichten aus dem wirklichen Leben, die Juristen um mich herum die dazugehörigen Paragraphen. "Wie war das nun mit Ihrem Onkel?" Dr. Beyer ist ungeduldig.

1971: Anwerbung in der Familie

Juni 1971: Die Ulbricht-Ära lag in den letzten Zügen. Tauwetter war gefragt in diesen Tagen, Wandel durch Annäherung. KONKRET-Chef Klaus-Rainer Röhl möchte, daß seine Zeitschrift da nichts verpaßt, womöglich zitiert wird: "Drei Sätze von dem Langweiler, Berni, aber mit News." Mit dem Langweiler meinte er Otto Winzer, den damaligen Außenminister der DDR. Den sollte ich interviewen. Fünf Fernschreiben waren schon mit der entsprechenden Bitte nach Berlin geschickt worden, nun sollte es in Rostock klappen. Ich machte mich auf den Weg zur Ostseewoche.

Vor lauter Fahnen und Transparenten war die Stadt kaum zu erkennen, weiße Friedenstauben klebten an allen Fenstern, Parolen hingen über den Straßen. Im Rathaus gab es ein Schlückchen Sekt, Ausweise, Einlaßkarten und den ständigen Begleiter: obligatorischer Schatten aller Westjournalisten. "Hans Eichborn", stellte er sich vor, grauer Anzug, Ende Zwanzig, gesprächig, sympathisch. Nach einer Stunde duzten wir uns. Funktionär sei er im Journalistenverband der DDR, ich könnte ihn gerne mal besuchen: Berlin Friedrichstraße, genau gegenüber dem Bahnhof. "Dann mußt du mir aber auch ein paar KONKRET mitbringen." Komisch, darauf waren "die da drüben" immer besonders scharf. Wäre ich von der FAZ gekommen, hätte ich mir wahrscheinlich Belegexemplare sparen können. Aber bei uns gab's nackte Frauen auf Hochglanz im Blatt und ein wahrlich linkes Alibi drumherum: Textwüsten von den Erklärern der 68er-Bewegung, Kritisches von Sebastian Haffner, Literatur von Rühmkorf, Hamm und Herburger, Arbeiterreportagen von Wallraff, Aktuelles von Beier und Michels. Fast 300.000 mal verkauft zu jener Zeit. "Du bist doch nur auf die Bilder scharf." - "Damit", sagt Beschatter Hans, "haben wir hier nun wirklich keine Probleme. Worüber ihr da drüben in euren Kinderläden und Kommunen nur quatscht, das wird in der DDR praktisch ausprobiert." Freie Liebe, Gruppensex, Partnertausch, er könne da eine Menge Geschichten erzählen, aber eines wisse er ganz genau, prüde sei man in der DDR nun ganz und gar nicht.

"So kann ich Sie hier aber nicht reinlassen." Der uniformierte Hotel-Portier sah mich von oben bis unten an, verwies nachhaltig auf meine Sandalen, die dem gesellschaftlichen Ereignis "nun aber wirklich nicht" gerecht würden. Ganz abgesehen von meinen langen Haaren, dem Rollkragenpullover und der Lederjacke: "Ja, hat man so was schon gesehen." Hans Eichhorn tat nun erstmal so, als gehörte er gar nicht dazu. Das Ganze war ihm sichtlich peinlich, schließlich besaß ich eine ordnungsgemäße Einladung zu diesem Empfang im Festsaal des Rostocker Warnow-Hotels. Walter und Lotte Ulbricht wurden auch erwartet. Dann erschienen weitere West-Journalisten. Egon Lutz von den "Nürnberger Nachrichten" organisierte den Widerstand, wie es sich für einen Sozialdemokraten gehörte, zunächst mal in der Defensive: "Wenn der Kollege hier nicht reinkommt, gehen wir auch nicht." Kompromisse wurden gesucht. Vielleicht half eine Leihkrawatte. Doch der bunte Binder über dem roten Pullover wirkte gelinde gesagt lächerlich. Allerdings nicht lächerlich genug für eine Ordnungskraft im Arbeiter- und Bauernstaat, die mir so verkleidet wenigstens die eingeschränkte Teilnahme am Festball des Staatsrates der DDR anläßlich der Ostseewoche gestattete. Eingeschränkt deshalb, weil ich mich bei den Einlaßverhandlungen im Foyer darauf verpflichten ließ, "in gar keinem Fall, auch nicht, wenn Sie von einer Frau aufgefordert werden sollten" zu tanzen. Egon Lutz' Verhandlungsgeschick ersparte mir eine schriftliche Festlegung.

Im Saal plazierte man uns dann in die der Tanzfläche am weitesten entfernte Ecke zu einer Gruppe russischer Dolmetscherinnnen. "Siehste", sagte Hans, nachdem er die Frauen taxiert hatte, "das haben wir nun von dem Gewürge: einen Volltreffer." Und dann - viel leiser - meinte er den peinlichen Auftakt in der Hotelhalle noch einmal kommentieren zu müssen. Er beugte sich zu mir, sagte, daß er sich schäme für soviel Kleinkariertheit in der Republik. In Berlin hätte er einmal mitangesehen, wie eine Gruppe Männer auf offener Straße einem Langhaarigen die Mähne mit der Schere gewaltsam entfernt hätte, zu allem Überfluß noch von dabeistehenden Volkspolizisten angefeuert. Hans rückte noch näher, legte seine Hand an mein Ohr: "Ich finde, das ist fast schon Faschismus. Hat jedenfalls nichts mit Sozialismus zu tun." Ich nickte. Hans freute sich. Dann besann er sich: "Aber schreib so was ja nicht in deiner Zeitung. Das habe ich dir nur privat erzählt. Das ist bei uns nämlich so: wenn du Scheiße schreibst, dann muß ich in die Braunkohle." Der Zusammenhang war mir nicht recht verständlich: "Wieso Braunkohle?" Hans zögerte mit der Erklärung. "Glaubst du, wir würden nicht beurteilt. Ich bin doch für dich verantwortlich, und wenn du nun abhaust, dich mit DDR-Bürgern triffst, und die erzählen dir Käse, und du veröffentlichst so was, das lesen die doch in Berlin und dann bin ich dran, werde womöglich in die Produktion versetzt, verstehst du? Reichsbahn oder Braunkohle."

Der Unterschied zwischen Deutschland-West und Deutschland-Ost für Journalisten, so meine erste Lektion, war nicht nur der, daß es bei uns keine Braunkohle-Produktion mehr gab, sondern auch der, daß wir kleinen Journalisten in Bonn nicht gelesen wurden, nicht mal zur Kontrolle. Nur mit der Reichsbahn war das so eine Sache. Ein eingeschriebenes SED-Mitglied wie Hans wäre wahrscheinlich nach den Diskussionen seit 1971 ganz und gar nicht einfach zur Bundesbahn versetzt worden: Kommunisten - auch fehlerhafte - hatten da laut Extremistenerlaß nichts zu suchen. Das einte die Deutschen schon damals, ihre allgegenwärtige Wachsamkeit. Hans mußte übrigens nie in die Braunkohle, er ging später irgendwann zum Rundfunk und soll da noch heute beschäftigt sein, als Kultur-Redakteur: nach wie vor die beste Methode, deutsche Geschichte zu überstehen. Aber ich schweife ab, wir sind noch im Jahr '71.

Auf der Tanzfläche hatte sich inzwischen ein Kreis gebildet, es wurde rhythmisch geklatscht, etwa wie zu Hochzeiten, wenn das Brautpaar den Ball eröffnet. In diesem Fall war es der Festball des Staatsrates der DDR, und so führte der "Spitzbart" seine Lotte mit kurzen Trippelschritten über das Parkett. Ulbricht war hier im Norden nie populär. In Mecklenburg galten die Sachsen immer als "Fichten-Pisser", erstens, weil sie von Mai bis Oktober die Küste belagerten, zweitens, weil man sie kaum verstehen konnte und drittens, weil Ulbricht daher kam. Doch die gewöhnlichen Mecklenburger waren zu diesem Ball sowieso nicht geladen. Und die außergewöhnlichen, die mit dem Parteizeichen am Jackett, genossen die Nähe zur Macht, nicht ahnend, daß Walters Tage zu diesem Zeitpunkt bereits gezählt waren, Reformator Erich in den Startlöchern kauerte. Tatsächlich galt der damals noch als Hoffnungsträger.

Wir, vom Zentrum der gesellschaftlichen Ereignisse verbannt, flirteten mit den russischen Dolmetscherinnen, fragten wie beiläufig, wo sie denn untergebracht seien. Aber die Damen waren vom Fach, nannten Dollar- und DM-Beträge. Wohl, um nicht ins Hintertreffen zu geraten, stellte sich Hans plötzlich als Kollege vom STERN vor, etwas zögernd von mir unterstützt, denn irgendwann würde er Devisen brauchen. Es wurde geschmust, denn Russinnen konnten damals Anzugstoffe noch nicht so schnell der jeweiligen Wirtschaftsordnung zuordnen wie Mädchen aus der DDR. Mit meiner Lederjacke konnte Hans allerdings nicht mithalten. Mehrere Angebote, auch von entfernter liegenden Tischen gingen ein: bis zu 3000 Mark (Ost) wurden geboten. Hans hatte Westgeld mit, "wie sollst du sonst hier was werden". Er zeigte es seiner Russin an der Sektbar. Ulbricht war längst gegangen, die Stimmung nun etwas gelöster.

"Nein, das darf doch nicht wahr sein. Bernd, Mensch, was machst du denn hier? Das ist ja ein Zufall." Von wegen. Irgendwoher kannte ich den Mann, der sich nun zwischen zwei Barhocker, schlimmer, zwischen mich und Mara schob. "Na, dämmert's?" Onkel Günther aus Magdeburg. Als Kind hatte ich schon mal die Ferien bei ihm und den anderen Tanten und Onkeln in Rogätz verbracht, Gänse auf den Elbwiesen gehütet, an der Fähre Kapitän gespielt. Vor ein paar Jahren hatte ich ihn auf einer Konfirmationsfeier getroffen. Er war in der Verwandtschaft nicht gerade beliebt. Es hieß, er sei ein Hundertprozentiger, fast wie Tante Anni, die soll sogar die rote Fahne ins Fenster gehängt haben, als die Russen kamen. Ich wußte nur, daß sie ihren Nachlaß den Sozialdemokraten vermacht hatte.

Günther bestellte Bier und für die Mädchen Sekt. Ach, Russinnen, sagte er, und dann wohl, um mir zu imponieren, ein paar Sätze auf russisch. "Dein Bekannter ist wohl von hier. Nichts Westpresse?" Ich (Klassenfeind) war den Schwestern vom Brudervolk sichtlich näher. "Frauen", sagte Günther, "sind überall gleich." Das widersprach nun zwar offizieller sozialistischer Lesart, hinderte meinen Onkel aber gleichwohl nicht in einem Atemzug anerkennend auf Mara zu weisen und eindeutige Anspielungen zweisprachig zum Besten zu geben. Dann kam er zur Sache. Er sei hier in Rostock auf einem Kongreß, vertrete einen wissenschaftlichen Verlag und habe schon immer mal wieder mit mir sprechen wollen, was für ein Glück, das wir uns getroffen hätten. "KONKRET? Ist das nicht so eine APO-Zeitschrift?"

Wir palaverten über Vietnam, Dutschke und Ulrike Meinhof. Günther fragte mich, ob ich öfter in der DDR zu tun hätte. Klar, aber man käme ja nur zu diesen offiziellen Terminen ins Land, könne sich selbst dann nicht frei bewegen, geschweige denn recherchieren. Pressemäßig sei doch noch wenig "Weltniveau". Mein Kollege Wallraff zum Beispiel - den sie hier immer gern zitierten, wenn er böse Dinge aus der westdeutschen Arbeitswelt aufdeckt - selbst der dürfte nicht ins gelobte Land der Werktätigen. Na, da hatte ich bei Onkel Günther vielleicht ein Faß aufgemacht. "Bürokratenärsche", sprudelte es nur so aus ihm heraus, "müssen aus jedem Furz einen Fünf-Jahres-Plan machen. Was meinst du, wie mir das geht. Beantrage ich mal den SPIEGEL, kriege ich den frühestens ein Vierteljahr nach Erscheinen." Ich wunderte mich, daß er ihn überhaupt bekam und auch darüber, daß er im Gegensatz zu Hans keine Rücksicht auf Zuhörer nahm. Wie, als käme ihm da gerade eine Idee, fragte er mich, ob ich ihm nicht mal ein paar Bücher oder Zeitschriften mitbringen könnte. Wir würden uns dann irgendwo treffen, wenn ich sowieso im Land zu tun hätte. Er würde mir eine Telefonnummer geben und dann schon Gelegenheit finden, den Kram abzuholen. "Das bezahle ich dir auch in Westgeld, Mach dir darüber keine Sorgen."

Dann kam Hans Eichhorn vom Tanzen zurück. "Mein Kollege vom STERN, stellte ich ihn mit Blick auf die Mädchen vor. Günther sah ihn an und lachte. "Wohl vom anderen Stern, was?" Hans war irritiert, aber keineswegs eingeschüchtert. Bewußt so laut, daß Günther es hören mußte, wandte er sich an mich: "Was ist das denn für ein Typ? Haben wir den eingeladen?" Doch ehe ich noch etwas sagen konnte, rief Günther die Bardame: "Noch ein Bier mehr, für den Genossen hier." Ich erzählte Hans, daß jener Mittvierziger an unserer Seite mein leibhaftiger Onkel sei, zufällig hier aufgetaucht, harmlos, wie Verwandte eben sind.

"Irgendwoher kenne ich den", sagte Hans nun so leise, daß nur ich es hören konnte: "Und das soll wirklich dein Onkel sein?" Später steckte mir Günther einen Zettel zu: seine Telefonnummer in Berlin, drei Buchtitel, die ich ihm besorgen sollte, darunter einen Böll und die Zeilen "Ich rechne auf Dich." Er zahlte und bedauerte, nun gehen zu müssen. "Termine. Außerdem habe ich keine so gute Kondition wie ihr." Über den Rest des Abends ist für jene, die unbedingt wissen wollen, wie es denn mit den russischen Dolmetscherinnen weiterging, beruhigend zu berichten, daß Devisen nicht mehr zum Einsatz kamen.

Leider kam auch Otto Winzer nicht mehr zum Einsatz. Jedenfalls nicht mehr exklusiv für KONKRET. Hans schleppte mich am nächsten Morgen in eine Pressekonferenz des DDR-Außenministers, in der ich neben knapp hundert Kollegen saß. "Wieso?" Mein Begleiter tat, als kenne er die Mentalität bundesdeutscher Chefredakteure nicht: "Hier kannst du ihn doch auch befragen." Damit war sein Auftrag ebenso erledigt, wie meiner, wenn man einmal davon absieht, daß ich Hans noch den Unterschied zwischen einer Pressekonferenz und einem

Exklusivinterview und der unterschiedlichen Bedeutung für in Konkurrenz befindliche Medien in einer freien Marktwirtschaft klarmachen konnte. Er begriff sogar, daß "Winzer-Zitate" in Rundfunk und Fernsehen mit der Quelle "KONKRET" versehen, für meinen Chef ungleich schwerer wiegen würden, als die gleichen Zitate mit dem Zusatz "auf einer Pressekonferenz in Rostock". "Aber", sagte Hans, "der Inhalt bleibt doch der gleiche." Aussichtslos, einem sozialistischen Funktionär das Wesen wirklicher Pressefreiheit näherzubringen.

Doch die Rache folgte auf dem Fuße. Es war Hans, der mich darauf aufmerksam machte, daß DDR-Fernsehkameras recht auffällig ihre Objektive auf mich richteten: "Du, die filmen dich." Tatsächlich wurde ich am Abend in der Nachrichtensendung der 'Aktuellen Kamera' als Schnittbild vorgeführt: langhaarig, im Pulli, mit Lederjacke, auffällig in der Hundertschaft der grauen Anzüge. Im Text war dann von ausländischen Journalisten die Rede, die den "internationalen Charakter" der Winzer-Pressekonferenz bestimmten. Ich hatte keine einzige Frage gestellt, doch mein Outfit dokumentierte jenes "Weltniveau" der DDR, für das die eigenen Jugendlichen auf den Straßen noch Haare lassen mußten.

Aussichtslos, einem KONKRET-Redakteur das Wesen sozialistischer Pressefreiheit näherzubringen. Und das, obwohl mir Hans zum Abschied die Bibel aller sozialistischen Journalisten schenkte: den Band I der Journalisten des "Internationalen Journalistenverbandes" der sozialistischen Länder: "Lenin über die Presse". Als geübter SPIEGEL-Leser habe ich das 540-Seiten starke Werk von hinten angefangen und so die nützlichste Weisheit des Wälzers gleich zu Beginn empfangen. Denn so lautet das offensichtlich oft übersehene Lenin-Zitat aus einem seiner Briefe vom 22. April 1922: "Sei es, daß ich oft zu schnell spreche, sei es, daß ich oft stilistisch sehr inkorrekt spreche, sei es, daß die Reden bei uns gewöhnlich flüchtig und sehr unbefriedigend aufgezeichnet werden, ob aus diesen Gründen oder noch anderen oder allen zusammen - fest steht jedenfalls, daß ich für den Wortlaut meiner Reden die Verantwortung nicht übernehme. Sollen diejenigen die Verantwortung tragen, die die Reden aufzeichnen."

Die Erfahrungen dieser Rostocker Tage sagten mir erstens: nicht überall, wo Lenin drauf steht, ist auch Lenin drin. Zweitens: Sozialismus ist, wenn dir ein Exklusivinterview in der DDR zugesagt wird, daß dann hundert Kollegen dabei sein dürfen. Und drittens: ob Aufpasser oder Verwandte, die meisten DDR-Bürger sind gegen das System, aber es funktioniert.

Natürlich mußte ich weder in die Braunkohle noch zur Bundesbahn, obwohl ich mit leeren Händen aus Rostock zurückkam. Nur das "Winzer-Interview" wurde von nun in den Konferenzen der KONKRET-Redaktion zum festen Begriff für totrecherchierte und geplatzte Beiträge. Daß allerdings eine der eklatantesten Null-Nummern meiner Reporter-Karriere zugleich der Ausgangspunkt für eine ungeahnte Agenten-Karriere werden würde, konnte ich damals, gerade 26 Jahre alt, Pazifist und Träumer, noch nicht wissen.

In jener Zeit war ich mit dem Aufbruch der sozialliberalen Koalition beschäftigt, suchte gelegentlich Vietnam- und Kambodscha-Demonstrationen heim und diskutierte zwischen Bier und Barzel über den Unterschied von Gewalt gegen Sachen und Gewalt gegen Personen. Ich war sprachlos, wenn ich sah, wie sich Personen, die ich mochte, in den RAF-Sumpf verstrickten, rätselte über Ulrike Meinhofs Motive, wurde dabei selbst immer wütender, lernte staatliche Willkür und Interpretationsfähigkeit der Politik in Sachen Moral und Gerechtigkeit kennen und wachte aus meinen Neckermann-Träumen vom gestylten Schlafzimmer und Familienidyllen auf. Dabei ahnte man nichts von einer Stasi-Krake, die sich innerhalb der nächsten zwanzig Jahre über das Land und die Menschen verbreiten würde, so klingelte es an einem Sommerabend im Jahr 1971 an meiner Wohnungstür.

"Guten Tag, ich heiße Bigalke. Ich soll herzliche Grüße bestellen von Ihrem Onkel." Da war er wieder, der Zufalls-Onkel aus der Warnow-Bar in Rostock. Dieses Mal in der Form eines untersetzten, etwa 30jährigen, blonden, blauäugigen Versicherungsvertreters. Zufällig, wie offenbar alles im deutsch-deutschen Verhältnis, habe er gerade in Hamburg zu tun, er wolle auch nicht stören. Wir laden ihn nicht zum Abendbrot ein, konnten ja nicht wissen, daß jene unscheinbare Figur vor unserer Wohnungstür zwanzig Jahre später Pressesprecher der ersten freigewählten DDR-Regierung werden würde. Aber wer konnte damals schon ahnen, daß in der DDR jemals frei gewählt wird?

Im Sommer 1971 war Klaus-Peter Bigalke ja auch nur ein Erinnerungsposten an die Bücher, die ich meinem Onkel doch besorgen wollte. Und da hätte der noch eine Bitte, ob es vielleicht auch noch "13 unerwünschte Reportagen" von Günter Wallraff sein könnten. Er, mein Onkel, habe da so eine Idee. Dann ging er wieder, der Kurier aus dem Osten. Meiner Frau kam er gleich nicht ganz geheuer vor, aber was haben Ehefrauen schon für eine Ahnung?

Tatsächlich hatte ich ein paar Wochen später in Berlin zu tun. Ich sollte die verwaiste Anwaltskanzlei von Horst Mahler aufsuchen, der inzwischen mit Ulrike Meinhof im Nahen Osten war - wie nah weiß man bis heute nicht. Dort sollte ich mit einem gewissen Otto Schily, Sozius des RAF-Prominenten, sowohl über eine RAF-Story, als auch über Bettina und Regina, die Töchter meines Chefredakteurs und Ex-Ehemannes der Ulrike Meinhof verhandeln. Kaum zu glauben, aber selbst erlebt, Otto Schily weigerte sich, mit einem Reporter zu sprechen. Mit Bürgerlichen hatte er damals noch nichts im Sinn. Was also mit dem angefangenen Tag machen?

Ich fuhr nach Ost-Berlin, zog mir am Bahnhof Friedrichstraße den unnachahmlichen Linoleum-Reinigungsduft ein, verhandelte sicher über eine Viertelstunde mit der Dame am Kassenschalter der DDR-Staatsbank um ein paar Telefongroschen und rief die Nummer auf dem Zettel an. Es meldete sich, was mich heute stutzig machen würde, damals aber zu der Überlegung führte, daß wahrscheinlich alle DDR-Betriebe mindestens in der Pförtnerloge oder der Telefonzentrale militärisch organisiert seien, ein Offizier vom Dienst. Immerhin kam nach längerer Wartezeit ein ziviler Name an die Strippe, der mir sagte, daß Onkel Günther wohl gerade zu Mittag, gegen 14 Uhr aber sicher erreichbar sei.

Wir verabredeten uns im Operncafé Unter den Linden, von dem ich Jahre später in einer Boulevardzeitung las, daß es ein berüchtigter Agenten-Treff sei. Günther hatte noch einen Arbeitskollegen mitgebracht, den er mir als "Rolf" vorstellte: "Wir arbeiten in einem Büro." Kaffee wurde bestellt, Geflügel-Cocktail mit Toast für eine Mark zweiundsechzig. Mein Zwangsumtausch reichte für die ganze Runde. Ich wies auf meine Hängetasche: "Sie haben nicht kontrolliert, ich habe sogar den neuesten SPIEGEL dabei." Mein Onkel sah sich um: "Nicht hier, nachher."

Nachdem die familiären Themen abgehakt waren, wurde intensiv über KONKRET gesprochen. "Rolf" und Günther fanden das wahnsinnig interessant: "Und den Dutschke kennst du persönlich?" Ja, und den Jochen Steffen, den Erich Fried, den Sebastian Haffner, die Ulrike Meinhof und den Franz-Josef Degenhard. Die ganze linke Mischpoke. Nur Klaus-Rainer Röhl, den mochten die beiden nicht. Wegen seiner antikommunistischen Kommentare. Ein "Lebemann" sei das, würde "die Bewegung" doch nur belasten.

Um ehrlich zu sein, hatte ich mir damals, sechsundzwanzigjährig, noch keine großen Gedanken über "Bewegungen" gemacht. Und ob Dutschke, Fried oder Steffen, sie waren für mich interessante Menschen, Typen die wohltuend anders waren als die Bürovorsteher oder Möbelverkäufer, mit denen ich es in der Vergangenheit zu tun hatte. Ich hatte weder Marx gelesen noch konnte ich im Theoriestreit zwischen SDS und SHB mithalten, insofern hatte die Meinhof-Fraktion schon recht gehabt, als sie meine Einstellung bei KONKRET damals mit den Worten verhindern wollte, der könne ja nur schreiben, passe mit seiner "SPIEGEL-Schreibe" nicht ins revolutionäre Konzept. Kein guter Linker, ein guter Reporter wollte ich sein: natürlich immer für die gerechte Sache kämpfend. So oder zumindest so ähnlich muß ich mich wohl auch gegenüber "Rolf" und Günther gebärdet haben.

"Aber", sagte Günther, "die guten Geschichten liegen ja nicht auf der Straße. Was glaubst du wohl, wie der STERN an die KZ-Zeichnungen vom Lübke* gekommen ist? Beziehungen natürlich. Was glaubst du, was hier bei uns noch alles in den Archiven lagert? Da gibt es noch viel Stoff für Skandale."

* Wie die Beteiligung des Ex-Bundespräsidenten Lübke am Bau von Nazi-KZs wurden bis in die späten achtziger Jahre hinein eine ganze Reihe Politikerskandale (Globke, Filbinger) von bundesdeutschen Medien mit Hilfe von Dokumenten aufgedeckt, die vom MfS lanciert worden waren. STERN, SPIEGEL, SÜDDEUTSCHE ZEITUNG, PANORAMA, um nur einige zu nennen, bedienten sich ebenso Ost-Berliner Archive wie fast alle zeitkritischen Schriftsteller von Hochhuth bis Engelmann.

Keine Frage, daß mich das reizen konnte. Im Augenblick aber war ich mehr an selbständigen Reportagen in der DDR interessiert, wenn es sein mußte, auch mit Begleiter: Kindererziehung in Krippen, Singe-Clubs* oder in der Schule. "Rolf" wiegte den Kopf, was wohl Skepsis ausdrücken sollte. "Mit so was haben wir im Verlag nichts zu tun. Wissen Sie, wir arbeiten ja der Partei und dem Staatsrat zu, wissenschaftlich. Kindergärten oder so, das ist ja auch nichts richtig Politisches." Na, der Mann hätte das mal auf einem unserer Kinderladen-Elternabende sagen sollen. Wahrscheinlich hätten selbst die Kleinen widersprochen, "Rolf" in die kollektiven Entscheidungsprozesse ihrer Gruppe eingeweiht, ihre Selbstbestimmung beim Spaghetti-Zielwerfen oder dem Beschmieren der Kinderladenwände verteidigt. Günther machte mir Hoffnung. "Wir können ja versuchen, mal unsere Beziehungen für dich spielen zu lassen. Solche Reportage-Anmeldungen laufen doch, glaube ich, übers Außenministerium." Ich widersprach. "Die laufen über das internationale Pressezentrum, ich glaube über die West-Abteilung, da müssen wir immer unsere Fernschreiben hinschicken, und die regeln auch die Visa-Frage."

Günther schrieb sich das auf einen Zettel, dann begann er noch mal mein Interesse für "richtig große Politnummern" - wie er sich ausdrückte - zu wecken. Da gäbe es ja wohl genug aus der Vergangenheit und aus der Gegenwart.

* In den siebziger Jahren in der DDR gegründete Kinder- und Jugendgemeinschaften, in denen vor allem sozialistisches Kulturgut gepflegt werden sollte, bei Freizeiten und gemeinsamen Ferienfahrten auch anspruchsvolle sozialistische Pädagogik angewandt werden sollte.

Ich war überrascht, fragte dann auch nach, wie man in einem wissenschaftlichen Verlag an solche Sachen herankäme. Viele Gedanken über Günthers Arbeitsgebiet hatte ich mir noch nicht gemacht, vage Vorstellungen nur von Theoriearbeit, Analysen nach dem Motto: Was sagt Marx dazu? "Rolf" griff meine Zweifel auf: "Im Verlag natürlich nicht. Aber wir haben ja Zugang zu vielen Archiven, die andere nicht haben, und da blättern wir schon mal auch außerhalb unserer eigentlichen Arbeitsgebiete, nicht wahr Günther?" Dabei lachten die beiden, als machten sie sich über ihren Arbeitgeber lustig. Doch die Sache leuchtete irgendwie ein.

"Ja, wenn ihr da mal was findet, was ich gebrauchen könnte? Es muß ja nicht gleich was über den Bundespräsidenten sein. Da haben ja auch noch eine ganze Reihe anderer Schwarzer Dreck am Stecken. Das wäre schon ein schönes Ding." Es gäbe dann nur ein Problem, so sinnierte Günther in Verschwörerpose, das dürfe natürlich nicht rauskommen, weder in seinem, noch in meinem Laden. Man müsse sich da schon was ausdenken, wie ich an die Dokumente gekommen sein könnte. Und "Rolf" pflichtete ihm bei: "Da können wir sonst viel Ärger kriegen. So was muß man ganz vorsichtig spielen, sozusagen mit geschlossenem Visier."

Allein der Begriff des "geschlossenen Visiers", so wird mir zwanzig Jahre später ein junger BKA-Beamter vorhalten, hätte mir klarmachen müssen, daß ich es mit den Profis von Mischa Wolf zu tun hatte. Kunststück, mit dem Wissen von 1991, dem ungestörten Stöbern im Nachlass der Normannenstraße, dem Haus des einzigen Geheimdienstes der Welt, das über Nacht zum Glashaus wurde. 1971 tappten BND und Verfassungsschutz noch ebenso im Dunkeln wie ich. Nur mit dem Unterschied, daß ich gar keine Veranlassung hatte, mich vor Geheimdiensten in acht zu nehmen, weil ich doch eigentlich nur Kindergartenreportagen machen wollte.

Der Abschied im Operncafé war herzlich, man wollte sich bei Gelegenheit wiedersehen. Onkel Günther wollte sich um alles weitere kümmern. "Ich kann dir nichts versprechen, aber ich versuche mal was im Pressezentrum. Ich glaube, ich kenne da einen." Ich übergab ihm draußen auf dem Vorplatz die Plastiktüte mit den bestellten Büchern und dem neuen SPIEGEL. "Was hast du ausgelegt?" Ich empfand Günthers Frage als Höflichkeitsfloskel, sagte, daß es schon gut sei, denn das wären nicht mal 50 DM gewesen. Er steckte mir einen Schein in die Tasche: "Hast ja auch noch Auslagen gehabt." Im Stillen dachte ich, daß ich mit diesem Monopoly-Geld sowieso nichts anfangen könnte, wollte Günther aber auch nicht beleidigen. Erst als ich später den Schein aus der Jackentasche zog, machte ich große Augen: Es war ein 100 DM-Schein, West.

Wahrscheinlich, weil ich nur zufällig die Leuchtbuchstaben DJV gegenüber Bahnhof Friedrichstraße gesehen hatte, besuchte ich dann noch meinen Rostocker "Aufpasser" Hans Eichhorn, trank in der Bar des Journalisten-Clubs mit ihm noch ein Bier. "An die KONKRET-Exemplare habe ich nicht gedacht, und den neuen SPIEGEL habe ich vorhin schon meinem Onkel gegeben. Schade Hans, aber beim nächsten Mal bist du dran."

Er machte ein bekümmertes Gesicht, aber der Grund war wohl nicht in den entgangenen Lesefreuden von Magazinen des Klassenfeindes zu suchen. Onkel Günther war es, über den er sich Gedanken machte. "Weißt du eigentlich wirklich nicht, wer Günther Herrmann ist?" Ich war überrascht: "Das stimmt, mit Nachnamen heißt er Herrmann. Aber woher weißt du das?" Hans Eichhorn meinte es ernst: "Günther Herrmann ist hier eine ziemlich hohe Polit-Nummer und ich kann gar nicht glauben, daß das wirklich dein Onkel ist." Ich war eher amüsiert als beunruhigt. Diese Heimlichtuerei in der DDR erinnerte mich an Indianerspiele.

"Also Hans", begann ich einen kurzen Ausriß aus meiner Familiengeschichte, "meine Oma mütterlicherseits ist eine Herrmann, Onkel Günther ist der Cousin meiner Mutter. In und um Magdeburg wimmelt es übrigens nur so von Herrmanns, mit denen ich verwandt bin, die ich auch fast alle kenne, schließlich bin ich ja da groß geworden. Und wenn du es genau wissen willst: Ich bin sogar mal junger Pionier gewesen ..." Und dann sang ich Hans an der Theke des Journalisten-Clubs - unter einigen Mißfallenskundgebungen anderer Gäste, die das wohl als Provokation empfanden - das Lied vom 'Aufbauen' vor: "... für eine bessere Zukunft, freie deutsche Jugend, bau auf." Hans war erstaunt, daß ich eine DDR-Vergangenheit hatte, in der Arbeiter- und Bauernrepublik eingeschult worden war. Er rückte tatsächlich ein Stück näher. "Mensch Junge, dann bist du ja aus dem gleichen Stall."

Solche Bekenntnisse bedurften ein paar Bier mehr und gewissen

Einschränkungen. Denn wenn ich auch einige farbenfrohere Exemplare im Heer der grauen Einheitssozialisten kennengelernt hatte, fiel es mir doch schwer, den kleinbürgerlichen Mief der Republik mit heimatlichen Gefühlen zu verbinden. Aber: So unbestritten jene Rostocker und Ost-Berliner Erlebnisse die ersten Seiten einer Stasi-Akte über mich gefüllt haben mögen, so wenig empfand ich jene Tage als "Anwerbung", noch weniger die DDR als "fremde Macht".

Irgendwann kamen Hans und ich an diesem Abend noch einmal auf meinen Onkel zurück. Ironisch machte ich den Kollegen darauf aufmerksam, daß man im Westen weder Interesse noch Gelegenheit hatte, Polit-Prominenz des SED-Staates kennenzulernen. Hans lachte: "Vielleicht ist das ja wirklich nur ein komischer Zufall, die Sache mit deinem Onkel."

1973: Leipziger Geheimdienst-Allerlei

"Das ist ja geradezu klassisch", sagt Columbo, "das müssen Sie doch gemerkt haben, daß da eine Anwerbung lief." Leicht gesagt, am Montag, den 18. November 1991. Es regnet in Karlsruhe. Vor einer Stunde hat Ermittlungsrichter Beyer Haftbefehl wegen geheimdienstlicher Agententätigkeit gegen mich erlassen. Offenbar weder von den Argumenten der Bundesanwaltschaft noch von meiner Unschuld überzeugt, hat er den Haftbefehl dann auch gleich wieder außer Vollzug gesetzt: Bedingung, es werden 50.000 DM Kaution hinterlegt. Ich denke an mein chronisch überzogenes Konto. Keine Chance, soviel Geld aus eigenen Mitteln aufzubringen.

"Ein Pils täte uns wohl beiden gut, nicht Herr Michels?" Der BKA-Mann wird zum Kumpel, plaudert über seine langjährige Agentenjagderfahrung. Er kenne da eine Kneipe am Schlachthof von Karlsruhe, die habe schon ganz anderen Agenten gut gefallen. Als wir uns am Biertisch niederlassen, flimmert gerade mein Bild über den Fernseher. Die Tagesschau vermeldet die Karlsruher Entscheidung. Ein Gast blickt erstaunt zu mir, flüstert dann mit seinem Nachbarn, bis der auch stiert. Columbo amüsiert das: "Sind ganz schön prominent, was?" Und dann wird er vertraulich. Man glaube ja gar nicht, mit wieviel menschlichem Elend er es nun zu tun habe. So viele Fälle wie jetzt habe er noch nie gleichzeitig bearbeiten müssen: alles Leute wie du und ich. Ja, die Stasi, das sei ein Moloch gewesen, wen die mal in den Fängen hatte, der war geliefert. Dabei sei dieser General Grossmann, der Nachfolger von Mischa Wolf, doch eigentlich ein ganz sympathischer Mann. Er, Columbo, habe ihn vor ein paar Monaten in Berlin festnehmen müssen und habe ihn, wie mich, nach Karlsruhe begleitet, allerdings im Hubschrauber.

"Vorher aber", Columbo schüttelt traurig sein Haupt, "vorher mußte ich diesen Mann, Herr Michels, Sie müssen sich vorstellen, ein ganz penibler, sauberer Beamter, also ein Mensch mit Kultur, den mußte ich in Berlin noch eine Nacht in Polizeigewahrsam aufbewahren. Wissen Sie, da wo die Fixer, Strichjungen und Nutten abgeliefert werden, da mußte ich diesen Mann abliefern, das hat mir in der Seele wehgetan. Und wissen Sie, als ich ihn am anderen Morgen wieder abgeholt habe, diesen General Grossmann, eine durchaus sympathische Erscheinung, Sie können mir glauben, Herr Michels, da habe ich mich erstmal bei dem entschuldigt. Und da hat der doch tatsächlich zu mir gesagt: Lassen Sie es mal gut sein, Sie tun ja nur Ihre Pflicht. Und es sei gar nicht so schlecht für unsereins, so was mal von innen kennengelernt zu haben. Und dann hat er noch gefragt, wo er sich jetzt richtig waschen könnte."

In einigen Berufsgruppen, so denke ich nach diesem Bekenntnis, fällt der deutsche Vereinigungsprozeß leicht. Und dann erzähle ich meinem BKA-Mann das Ende der Geschichte, wie sie mir Kollege Möller von der ARD dargestellt hat. Denn General Grossmann ist zwar mit dem Hubschrauber nach Karlsruhe geflogen worden, nicht aber zurück nach Berlin. Und so habe der Stasi-General nach dem Ermittlungsrichter zwar auf freiem Fuß, allerdings auch ziemlich mittellos auf den Fluren des Bundesgerichtshofes herumgestanden. Das

Fahrgeld für die Rückreise nach Berlin hatte er nicht dabei, fragte hilflos nach dem BKA, das sich aus dem Staub gemacht hatte, weil es nach dem Richterspruch nicht mehr zuständig war. ARD-Möller lieh dem Ex-Chef der Haupt-Verwaltung Aufklärung (HVA) das Geld für die Bahn.

"Ja", sagt Columbo, "das passiert Ihnen ja nun nicht. Sie haben uns ja als Taxi. Übrigens: Wie ist der Engholm eigentlich? Ich meine so als Mensch außerhalb von Kameras." Ich zucke die Schultern, erinnere mich an Ermittlungsrichter Beyer, der mir Thekengespräche über SPD-Politiker oder SPD-Politik gerade als geheimdienstliche Tätigkeit verkauft hat, weil ich nämlich einer sei, der interne Kenntnisse besäße, und selbst, wenn meine Meinung auch in der Zeitung zu lesen sei, habe sie doch eine andere, sozusagen, eine geheimdienstliche Qualität. Ob man noch ein Pils bestellen kann? Klar doch, aber danach müssen wir nach Köln-Ossendorf.

"Das habe ich heimlich organisiert", sagt Columbo, "denn erstens erwartet Sie die Presse-Meute - Sie wissen schon, Ihre Kollegen - vor der U-Haftanstalt Karlsruhe, und außerdem haben Sie es in Köln wirklich besser. Das ist die beste Haftanstalt, die ich kenne." Spricht's und nimmt einen tiefen Schluck. Der jüngere BKA-Beamte, Fan meiner Umwelt-Fernsehberichterstattung, meldet Zweifel an: "Also, Sie tun ja gerade so, als würden wir Herrn Michels in einem Drei-Sterne-Hotel abliefern. Schön ist es doch nun wirklich nirgends." Columbo läßt das kalt. "Köln-Ossendorf ist nun wirklich eine Fünf-Sterne-Anstalt. Da wird es Herrn Michels an nichts fehlen. Und wenn Sie länger bleiben müssen, ich meine, man weiß ja nicht, wie schnell die Kaution aufgebracht werden kann, dann können wir uns da auch ganz gemütlich unterhalten. Wir haben nämlich noch sehr viel zu besprechen."

Es ist schon nach Mitternacht, als wir in der Kölner Anstalt ankommen. "Ah, da ist ja unser Promi", sagt ein Wachhabender, fragt mich, ob es noch Kaffee oder Abendbrot sein soll.

"Es ist nicht persönlich gemeint, Herr Michels, aber ich muß Sie das fragen, der reinen Form halber: Sind Sie suizidgefährdet?"

Er wartet eine Antwort erst gar nicht ab, schiebt meine Sachen mit in die Zelle, Zigaretten und Feuer läßt er mir. Licht könnte ich selbst ausmachen. Wenn ich etwas brauchte, sollte ich klingeln. Dann stehe ich am offenen Fenster, natürlich vergittert.

Draußen regnet es. Im fahlen Licht erkenne ich ein Stück Mauer, einen breiten Weg, auf dem ab und zu ein Mann mit einem Hund entlangläuft. Fast 3000 Menschen sollen hier in den Zellen leben. Es ist still.

Stasi-Verdacht, Top-Agent, Haftbefehl: nein, das hätte ich mir nie träumen lassen, was da Bundesanwaltschaft und BKA so sicher von den Lippen geht. Ich rauche eine nach der anderen, denke an Freunde: Was denken die?

Wenn einer jahrelang mit ihnen marschiert, der Tradition der 68er verpflichtet gegen staatliche Schnüffelei mobil macht, könnte so einer zugleich Komplize von Mielke und Co. gewesen sein? Bewußt und freiwillig ganz bestimmt nicht. Aber wieviele Gedanken habe ich mir ernsthaft über die DDR gemacht? Anfang der siebziger Jahre hatten wir andere Feindbilder, mit denen wir uns beschäftigten, über die wir schrieben.

Es war im Frühjahr 1973: Der Zug hatte pünktlich den Leipziger Bahnhof verlassen, ein sogenannter Interzonenzug, Ziel Köln, über Magdeburg und Hannover. Wohl deshalb war das Durchschnittsalter der Reisenden ziemlich hoch. In den Abteilen kam man leicht ins Gespräch. Der junge Mann am Fenster gehörte zu jener Sorte, die sich Deutschlands Schwiegermütter wünschen: freundlich adrett, hilfsbereit beim Kofferstemmen, ordentlicher Haarschnitt, korrekte Krawatte. Zu Besuch sei er gewesen, bei Bekannten in Leipzig. Eigentlich eine schöne Stadt, könnte nur mehr Farbe gebrauchen, die Dächer, ja, sie könnten auch einmal repariert werden. Nein: trotzdem habe er sich sehr wohl gefühlt in Leipzig. Zu Essen gäbe es ja da nun wirklich genug, reine Propaganda, wenn da behauptet würde, die Kartoffeln wären knapp. Aber: "Haben Sie schon einmal versucht, eine Sicherheitsnadel in Leipzig aufzutreiben?"

Der junge Mann aus dem Westen sprach den Mitreisenden aus der Seele. Das wäre ja ein Witz, wenn sie nicht genug Kartoffeln hätten, "nicht wahr?" Und dann erzählen die Rentner ihrem Zufallsbekannten von den Apfelsinen, die es nur mal zu Weihnachten gäbe, von dem Zement, den der Neffe schon von der Baustelle klauen müsse, um mit seinem Hausbau überhaupt weiterzukommen, von den Russen, die sich aufführten wie Gott in Frankreich, von den Ersatzteilen, die sie für ihren Trabbi gebunkert hätten, von der letzten Feier im "Haus des Volkes", wo der Kreis-Bonze des SED wieder einmal der Küchenhilfe unter den Rock gegriffen hätte.

"Nein, junger Mann", sagt die Rentnerin, "natürlich fahre ich zurück, das ist doch meine Heimat, mein Leben." Und die alte Dame hat keine Ahnung, daß dieser nette junge Mann ein kleines Tonband mitlaufen läßt, sozusagen geheimdienstlich auf kleiner Fahrt tätig ist.

"Geradezu klassisch", würde Columbo dazu sagen, nur daß dieser adrette Spitzel von der anderen Feldpostnummer für den deutschen, demokratischen Staat im Auftrag des BND unterwegs war, könnte ihn stören. Und nicht nur das, denn die Geschichte geht weiter.

Unsere Rentnerin war noch keine zwei Tage bei ihren Enkeln in Hannover, als sie Post bekam. Herzlich begrüßt in der Bundesrepublik, wurde sie in einem Standardschreiben aufgefordert, ihr Besuchsgeld von 10 DM pro Tag doch umgehend auf dem Amt in Hannover, Münzstraße 4 abzuholen. Frohgestimmt über westliche Großzügigkeit machte sie sich auf den Weg ins Steintorviertel von Hannover, wo sie unter der angegebenen Adresse den auf Blech geprägten Bundesadler fand. Im dritten Stock erwarteten sie dann auch nur freundliche Leute: "Schön, daß Sie da sind." Ein paar Fragen hatten die Herren allerdings noch, für ihre Statistik, wie sie erklärten. Vielleicht hatte unsere Rentnerin ja russische Militärfahrzeuge durch ihre Straße fahren sehen: Ob sie sich womöglich erinnert, wann das war und wieviele, eventuell - das wäre zu schön - sogar noch, wie die ausgesehen haben?

Nun wurde unsere Rentnerin ein wenig verstört. Dafür interessiere sie sich aber überhaupt nicht. Na, meinten die Herren, dann könnte sie aber doch bestimmt sagen, was es so auf dem Wochenmarkt gäbe, was das koste, überhaupt, wie die Stimmung so sei.

Nun wurde es unserer Rentnerin aber zu bunt: Ob sie hier nun ihr Geld bekäme oder nicht. Sie bekam es, wie Hunderte von anderen DDR-Bürgern auf Westurlaub auch, die monatlich durch diese illegale Dienststelle des BND geschleust wurden. "Amt für Befragungswesen" hatte unter dem Bundesadler in der Münzstraße 4 gestanden, ein Aushorchposten jenes bundesdeutschen Geheimdienstes, der für Auslandsaufklärung zuständig, hier verbotenerweise im Inland tätig wurde. Dieses Amt erfaßte die unter Vorspiegelung falscher Tatsachen erhaltenen Zustandsberichte über die DDR ohne Wissen der Erzähler in

Akten und versah sie mit der entsprechenden Quelle. Die informellen Mitarbeiter - "IMs" - des BND wissen wahrscheinlich bis heute nicht, daß sie geheimdienstlich tätig waren. Und die Dienststelle in Hannover war kein Einzelfall.

Die Zeitschrift KONKRET berichtete im Frühjahr 1970 über derartige Praktiken, Autor: Bernd Michels. Meine Reportage erschien damals mit der Überschrift: "Morgen wirst auch Du Agent." Bliebe nachzutragen, daß der damals verantwortliche Minister im Bundeskanzleramt die Existenz derartiger BND-Inlandsdienststellen und deren illegale Praxis leugnete. Von mir befragt, wies der Minister die - später bestätigten - Vorwürfe weit von sich und seinem Amt.

KONKRET-Reporter Bernd Michels und Jürgen Beier im Nachrichtendienst

Morgen wirst auch *Du* Agent

Mitten im Herzen Hannovers steht ein unscheinbares Haus. An der Tür steht ein ebenso unscheinbares Schild: Hauptstelle für Befragungswesen. Jürgen Beier und Bernd Michels gingen hinein und stellten fest: Die "Hauptstelle" ist in Wirklichkeit eine Zweigstelle des Bundesnachrichtendienstes, die ahnungslose Bürger als Agenten und Zuträger anwirbt.

Das hannoversche Steintor ist eine Greuelecke. In den zahlreich vorhandenen Kinos spielen Horror-, Grusel- und Agentenfilme. Im "Rivoli" läuft Mitte März "Dracula jagt Frankenstein", im danebenliegenden "Roxy" erschreckt der Western "Mündungsfeuer" die Filmfreunde. Zwischen beiden Filmtheatern, in der vom Steintor abzweigenden Münzstraße 4, hat neben einem Juwelierladen und der DAK eine Behörde ihre Zelte aufgeschlagen: "Hauptstelle für Befragungswesen, Zweigstelle Hannover" steht auf gelbem Grund unter schwarzem Bundesadler. Das Schild hängt außerhalb der Augenhöhe. Es ist zu hoch angebracht, um auf den ersten Blick wahrgenommen zu werden. Von Zeit zu Zeit gehen Leute suchend auf dem

Bürgersteig hin und her, holen ein Schreiben aus der Brieftasche hervor und finden endlich mit Hilfe der Passanten den Eingang zur "Hauptstelle". Sie verschwinden in einer Toreinfahrt, fahren mit dem Lift in den dritten Stock und klingeln. Nach ein oder zwei Stunden kommen sie zurück.

Wir sehen uns die Dienststelle näher an. Nach Öffnen der Eingangstür stehen wir unmittelbar vor einem Spiegelsystem, mit dessen Hilfe die Empfangsdame die Eintretenden sofort erkennen kann. Mit einem Einladungs- beziehungsweise Vorladungsschreiben können wir nicht dienen. "Wir möchten uns über dieses Amt informieren." Nach Abgabe der Personalausweise werden wir in einen Warteraum geführt: an der Wand ein Heinemann-Porträt, auf dem Tisch die "Quick" und die "Bunte". Die Empfangschefin: "Der Vertreter persönlich wird sich gleich mit Ihnen unterhalten." Nach zehn Minuten erscheint der Vertreter. Er stellt sich als Klein vor. Herr Klein ist ein Agent. Wir sind in einer Dienststelle des Bundesnachrichtendienstes (BND).

KONKRET recherchierte in mehreren Orten der Bundesrepublik, um herauszufinden, was sich hinter der "Hauptstelle für Befragungswesen" verbirgt. Wir kamen zu folgendem Ergebnis

Wie man Agent des BND wird, ohne es zu ahnen

Wenn der tägliche Fernzug Leipzig-Köln um 14.41 Uhr in Gleis 12 des Hauptbahnhofs Hannover läuft, hat sich bereits die Geheimdienst-Maschinerie in Gang gesetzt. Bundesgrenzschutzbeamte in Uniform notieren während der Fahrt die Personalien der Reisenden. Ein Vorgang, bei dem vielleicht niemand etwas Böses denkt. Merkwürdiger wird es dann schon, wenn sich Männer in Zivil in einem Abteil dazugesellen und die Fahrgäste in zunächst harmlose Gespräche verwickeln. Einer besonderen Anteilnahme erfreuen sich bei dieser Art von Volksbefragung diejenigen, die gerade einen DDR-Besuch hinter sich haben oder als ehemalige DDR-Bürger die Umsiedlung in die Bundesrepublik beantragt haben. Die sich betont freundschaftlich gebenden Zivilfrager sind Mitglieder eines obskuren Vereins, der sich "Mar. Stud. Offz." abkürzt und im Hause der Truppendienstgerichte A und C in Hannovers Nordmannpassage seinen Sitz hat. Weder mit der Marine noch mit Studenten hat dieser Klub etwas zu tun, höchstens mit Offizieren.

Nach Verlassen des Interzonenzuges geben die Bundesgrenzer ihr Adressenmaterial in ihrer Dienststelle unterhalb des Bahnhofs ab.

Am nächsten Tag gegen 14 Uhr macht sich der Bundesgrenzschutzwagen (Kennzeichen: BG -15450) mit einem gelben Dreieck am Kotflügel (was ihn als Kraftfahrzeug der Nachrichtenabteilung ausweist) auf den Weg zur Münzstraße 4, zur "Hauptstelle für Befragungswesen", im Fonds die Adressen der "interessanten" Zuginsassen. Angereichert mit den Recherchen des (bzw. der) "Mar. Stud. Offz." hat die Befragungsstelle jetzt ein Material zusammen, mit dem sich´s gut arbeiten läßt.

Etwa sechs bis acht Wochen, nachdem sie (wieder) in der Bundesrepublik sind, finden DDR-Übersiedler und DDR-Besucher ein amtliches Schreiben im Briefkasten. Absender: Hauptstelle für Befragungswesen. Inhalt:

Sehr geehrte(r) Frau (Herr) ...!
Die Hauptstelle für Befragungswesen ist eine Bundesbehörde. Sie hat den Auftrag, in Zusammenarbeit mit anderen Behörden des Bundes und der Länder Auskünfte zu sammeln, die - aus allen Lebensbereichen stammend - ein ungeschminktes Bild der Verhältnisse in Mitteldeutschland geben.

Wie uns bekannt wurde, haben Sie Ihren Wohnsitz in die Bundesrepublik verlegt und sich damit zur freiheitlichen Weltanschauung bekannt. Sie werden verstehen, daß die wirtschaftliche, politische und psychologische Vorarbeit für die Wiederherstellung der Einheit unseres Vaterlandes nur sinnvoll geleistet werden kann, wenn ein umfassendes Bild über die Entwicklung in allen Teilen Deutschlands vorliegt. Wir wären Ihnen sehr dankbar, wenn Sie uns dabei unterstützen würden, und laden Sie deshalb zu einem Gespräch in unserer obengenannten Dienststelle am ... um ... Uhr ein. Bringen Sie bitte Ihre Personalausweise, Arbeitsbücher und sonstige Unterlagen aus Ihrer früheren Zeit mit. Die Kosten für Ihre Reise mit Bundesbahn, Omnibus und Straßenbahn sowie die Verpflegung und etwaige Übernachtung übernimmt unsere Dienststelle. Darüber hinaus wird Ihnen eine Vergütung je nach Dauer der Besprechung gewährt oder der Ihnen entstandene Verdienstausfall ersetzt. Für diesen Fall bitten wir, eine Verdienstbescheinigung mitzubringen. Auf Wunsch wird Ihnen vor Antritt der Reise eine Fahrkarte zugestellt. Senden Sie uns bitte beiliegenden Antwortdruck (so schnell wie möglich) ausgefüllt zurück. Freiumschlag liegt bei. Wir bitten Sie, nur in Ausnahmefällen von einer Verlegung des genannten Termins Gebrauch zu machen.

Mit freundlichem Gruß
Im Auftrage
gez. Unterschrift

Ein imposantes Dienstsiegel mit Bundesadler unter dem Schreiben erzielt den nötigen Respekt-Effekt. Anschrift und Telefonnummer am Kopf des vorgedruckten Schreibens verleihen dem Brief Seriösität. Und damit niemand der Angeschriebenen das Befragungsbüro verfehlt, ist auf der Rückseite des Papiers ein genauer Lageplan aufgezeichnet.

Briefe wie den oben zitierten erhalten Leute, die ihren Wohnsitz von der DDR in die BRD verlegten. Umsiedler aus anderen Ostblockstaaten, etwa Rumänen oder Polen, erhalten Vorladungsschreiben anderen Inhalts. Dort steht verständlicherweise nicht die "Wiederherstellung der Einheit unseres Vaterlandes" im Vordergrund, vielmehr ist in diesen Formschreiben von friedlicher Koexistenz u.ä. die schwülstige Rede.

Den "Fragern" aus der "Bundesbehörde" entgeht kaum jemand, denn "Hauptstellen für das Befragungswesen" sind über das ganze Bundesgebiet verteilt.

KONKRET nennt die Adressen:

* München, Maria-Theresia-Straße 16
* Nürnberg, Wielandstraße 27
* Düsseldorf, Immermannstraße 11
* Kassel, Königsplatz 59
* Gießen, Bäue 22
* Hannover, Münzstraße 4
* Hamburg, Gotenstraße 21
* Mainz, Bahnhofstraße 7
* Stuttgart, Archivstraße 19

Auszug aus: KONKRET, Nr. 8/1970

Zurück in die Gegenwart, zurück in die Zelle. Es regnet noch immer. Draußen zieht der Mann mit dem Hund weiter seine einsamen Runden. Warum bin ich eigentlich hier? Die Geschichte mit meinem Onkel war dem Ermittlungsrichter nicht einmal eine Erwähnung in dem zusammenfassenden Protokoll wert. Was wollen die denn? Wahrheit oder Bestätigung von Vorurteilen?

"Das müssen Sie doch gemerkt haben, mit wem Sie es zu tun hatten." So Ermittlungsrichter Beyer in Karlsruhe.

Die Justiz hat's nötig. Wann haben ihre Richter und Staatsanwälte in den letzten einhundert Jahren in Deutschland je etwas gemerkt, jedenfalls selten dann, wenn es geschah. Später sind wir alle klüger. Nur müssen nicht alle für ihre Naivität in die Zelle, und schon gar nicht jene, deren Profession es ist, andere Menschen in Zellen zu schicken. Aber ich will nicht ablenken, lieber weiter von jenen Machenschaften erzählen, die mir rückblickend klar als MfS-Anwerbung vor Augen stehen, zum Zeitpunkt des Erlebens aber als "Normalität" im geteilten Deutschland von mir empfunden wurden. Zum Beispiel die Sache, als Bigalke wieder auftauchte: im Herbst 1974 in Leipzig.

KONKRET war damals gleich zweimal vertreten, denn die Redaktion hatte sich in der Zwischenzeit gespalten. Für die Gremliza-Fraktion war Holger Oehrens in Leipzig, ich für die Röhl-Fraktion, dessen Blatt nun "dasda" hieß. Wir beide hatten uns schon in der gemeinsamen Redaktion nicht leiden können: Oehrens der Studentenführer - er war mal 'ne große Nummer beim SHB während der Studentenrevolte - und Michels der Sozi und Prolet. Heute ist Oehrens übrigens hochbezahlter BILD-Reporter. Woran man sehen kann, daß der Springer-Verlag die Fähigkeiten jener Studentenführer, die - wie Oehrens - 1968 die Springer-Blockaden organisierten, in stromlinienförmige Bahnen zu lenken wußte.

Jener Oehrens nun verlangte 1974 im Presseclub zu Leipzig nach frischen Austern. Er ließ den Koch kommen, schlürfte ihm was vor, sang das hohe Lied von den wahren und frischen Austern, von denen man hier keine Ahnung hatte, und schmiß eine Muschel auf den Fußboden.

"Was ist das denn für einer?" Rolf, der angebliche Verlagskollege meines Onkels, war an dessen Stelle erschienen, hatte etwas von wichtigen Auslandsgeschäften vom Günther gemurmelt, mir aber einen interessanten Kontakt versprochen. Tatsächlich hatte ich im Vorfeld der Messe mit dem IPZ, dem internationalen Pressezentrum der DDR, über das alle Wünsche zu laufen hatten, einen regen Fernschreibverkehr wegen der beabsichtigten Kindergartenreportagen im Arbeiter- und Bauernstaat geführt, waren mir Hoffnungen gemacht worden, die ich durchaus Onkel Günthers Verbindungen zuschrieb. Ich war aufgefordert worden, doch ein paar Exemplare der Zeitschrift zur Einsicht mitzubringen, in der die gewünschte Reportage erscheinen sollte. Doch trotz des mitgeführten Fernschreibens mit eben jener offiziellen Bitte hatte man mir in Helmstedt an der Grenze das Päckchen mit den Zeitschriften abgenommen, mir erst auf wütende Intervention eine Quittung ausgestellt, gegen die ich, mit entsprechender offizieller Begleitung jene Zeitschriften während meines Aufenthaltes auf dem Hauptzollamt in Leipzig abholen könne.

Das erzählte ich Rolf, während ich auf Holger Oehrens wies, und bedeutete, daß man so einen Typ vergessen könnte: Der "Onkel aus Amerika" sei schon im Westen eine Karikatur, hier aber nur noch peinlich. Damals konnte ich nicht ahnen, daß die Oehrens mal zu tausenden ins Land fallen, ihr Appetit sich aber nicht auf Austern beschränken würde.

Dann kam ein "alter Bekannter" an unseren Tisch. Ich weiß nicht mehr, ob Rolf ihn hergewinkt hatte oder ob er nur zufällig auf dem Empfang gewesen war. Jedenfalls erkannte ich ihn wieder als jenen Kurier, der vor ein paar Sommern in Hamburg vor meiner Tür gestanden hatte, Grüße vom Onkel Günther bestellt hatte, zum Abendbrot nicht eingelassen worden war.

"Bigalke. Aber unter Kollegen können wir uns ja duzen. Ich heiße Klaus-Peter." Ich muß ihn näher beschreiben, denn er wird uns noch einige Kapitel bis in die Gegenwart begleiten. Wie schon angedeutet, wird dieser Klaus-Peter Bigalke mal eine nicht unwesentliche Rolle in der Wendezeit der DDR und danach spielen. Jetzt, 1974, ist er aber noch stellvertretender Chefredakteur einer Ost-CDU-Zeitung in der Provinz.

Auf den ersten Blick ein angepaßter Zeitgenosse: Ost-CDU-Karriere. Es ist kaum vorstellbar für einen KONKRET-Redakteur damals, daß man das machen konnte, ohne katholisch zu sein. Bigalke war fast einen Kopf kleiner als ich, blond, blauäugig, bevorzugte helle Anzüge, liebte Krawatten. Sein Verhältnis zum Sozialismus war wohl ähnlich gelagert wie das des ehemaligen Bundesinnenministers Höcherl zum Grundgesetz: Man führte es nicht ständig mit, schon gar nicht unter'm Arm. Seine Witze gehörten zu jener Sorte, die mit dem Satz beginnen: "Kommt eine Frau zum Arzt ..." Am liebsten wäre er wahrscheinlich

Playboy geworden. Doch im Laufe unseres Kennenlernens schälte sich immer mehr der verheiratete Kleinbürger in sozialistischer Zwei-Raum-Wohnung heraus, der seine Stasi-Instrukteurtätigkeit, die er dem BKA zwanzig Jahre später eingestehen werden sollte, nur für den Traum aufgenommen hat, wie James Bond blondbeinige Gespielinnen an kapitalistischen Swimming-Pools kennenzulernen, um dem sozialistischen Alltag auf diese Weise mindestens für ein paar Tage zu entkommen. 1974 - Bigalke ist ungefähr in meinem Alter, also dreißig Jahre - lockt das Abenteuer: Die Stasi macht's möglich. Nur, daß er schon damals wußte, mit wem er sich da eingelassen hatte. Für mich war er Kollege, später fast auch Freund, obwohl ich immer wußte, daß er in ein System eingebunden war, das mit meinen Vorstellungen von Journalismus nicht übereinstimmte.

"Mit den Kindergärten, Bernd, das ist doch nun wirklich Kinderkram." Klaus-Peter hatte sich die Fernschreiben durchgelesen. "Ich meine, wenn du das wirklich machen willst, dann wird dich wahrscheinlich keiner hindern. Aber findest du nicht, daß es Wichtigeres gibt?"

Ich fand das nun wieder typisch DDR-kleinkariert. Im Westen waren die antiautoritären Kinderläden seit Jahren ein Thema und ich hatte schon eine Serie und Kommentare dazu geschrieben. Dies geschah natürlich auch aus eigener Betroffenheit, schließlich war mein Sohn in so einen Experimentier-Laden gegangen, hatte ich selbst viele Kinderdienst-Tage und nervende Elternbesprechungsabende mitgemacht.

Wir diskutierten darüber, daß wahre Gesellschaftsveränderung doch wohl bei der Elternerziehung, in den Kindergärten und in den Schulen beginnt. Rolf und Klaus-Peter widersprachen mir nicht direkt, doch sie hielten diese Sicht der Dinge wohl für eine Marotte, die mehr mit mir als mit gesellschaftlicher Wirklichkeit zu tun hätte. Fehleinschätzungen von Theorie und Praxis scheinen die DDR und ihre Funktionäre schon immer begleitet zu haben. Die beiden wollten Weltpolitik machen: "Welt-Niveau", eine der verhängnisvollsten Zielvorgaben der real existierenden Sozialisten jener Zeit, bedeutete es doch nichts anderes als Unterordnung. Dies hieß Macht und Mode, Opportunismus und blasierte Selbstgerechtigkeit statt Lenin und Marx.

Und dann versprachen sie mir meine Karriere. Stories, von der andere nur träumen: an welche Dokumente sie herankämen, da wäre noch vieles aufzudecken in West-Germany. Klaus-Peter schwelgte in Akten, die ihm zugänglich wären und von mir in den Westmedien veröffentlicht natürlich einen ganz anderen Wirkungsgrad hätten: "Wenn du mitspielst."

Warum sollte ich denn nicht mitspielen, damals im Presseclub von Leipzig, wo Kollegen Austern auskotzten, nicht nur von KONKRET, vom SPIEGEL, vom STERN, nicht zu vergessen vom Springer-Verlag. Sie alle hatten augenscheinlich Ost-Kontakte, Freunde mit Verbindungen. Sie saßen in kleinen Grüppchen, verpieselten sich in Kneipen, die sorgsam ausgesucht reservierte Eckchen bereithielten, Schnaps und Zigaretten aus dem Westen boten, gelegentlich auch Mädchen.

So gesehen empfand ich es fast als Brüskierung, daß für mich kein derartiges Arrangement vorbereitet war. Klaus-Peter sprach nur von einem Versuch, in "Auerbachs Keller" zu späterer Stunde noch einen Platz zu bekommen, was dann auch prompt mißlang.

"Geh du mal vor, Bundesbürger haben meist größere Chancen."

Klaus-Peter schob mich an den Wartenden vorbei. Mindestens zwanzig junge Leute hatten sich schon vor der verschlossenen Kneipentür versammelt, fluchten, pfiffen und hofften doch, mit einem Westdeutschen ins Lokal zu schlüpfen. Klaus-Peter pochte gegen das Glas, schwenkte sein Presseschildchen, forderte mich auf, mit meinem Presseausweis das gleiche zu tun. Es nutzte alles nichts. Ein Kopfschütteln des Portiers hinter der Scheibe blieb die einzige Reaktion. Etwas ratlos zogen wir uns zurück. "Was tun mit dem angebrochenen Abend?"

Vor einem längst geschlossenen Kiosk schwenkten ein paar Leute Flaschen, prosteten uns zu. Wir gesellten uns dazu, tranken viel zu süßen rumänischen Rotwein, spendierten Stuyvesants. Klaus-Peter kümmerte sich um die Mädchen. Ich mußte mich erst daran gewöhnen, daß sie sächsisch sprachen. Es war schon weit nach Mitternacht, als mich ein etwa 18jähriges Pummelchen mit roten Bäckchen und kurzem Faltenrock fragte: "In welchem Hotel haben sie dich denn untergebracht; da gibt es doch bestimmt noch etwas zu trinken."

Ich gab ihr meine Hotelkarte, besser Behelfshotelkarte, denn der Hochbau am Bahnhof war wohl nur zu Messezeiten eine sogenannte Beherbungsstätte. Sie lachte, gab sie mir zurück: "Na und, willst du uns nicht einladen?" Klaus-Peter gab mir Zeichen, deutete auf seine rothaarige Nachbarin, was wohl so viel heißen sollte wie: aber nur wir vier bitte.

Sie hießen Sybille und Regine. Klaus-Peter war noch einmal zu seinem Wartburg gestiefelt, schwenkte triumphierend eine Plastiktüte: Wodka und Wein. In meinem Zweibettzimmer im 6. Stock warfen wir das Radio an, setzten uns auf die Bettkante und zechten ohne Gläser. Ich war längst hinüber, redete wie ein Wasserfall. Die Mädchen kicherten, Klaus-Peter sah häufiger zur Uhr. Als er mit Sybille zu knutschen anfing, begann ich mit Regine ein ernsthaftes Gespräch. Das heißt, ich redete von KONKRET, meinen DDR-Eindrücken und was ich so deutschlandpolitisch erwartete, und sie hörte zu. Mein Pummelchen schluckte viel, war kaum bei der Sache, strich mir ständig über die Hand. In meinem Kopf kreiste es: Waren die Mädchen am Ende Professionelle, ging's gleich ans Zahlen?

Völlig daneben. Sybille schob Klaus-Peters Hand weg, stand auf und machte das Fenster auf.

"Wißt ihr überhaupt, wo wir hier sind?" Regine drückte meine Hand, kicherte. Klaus-Peter nahm einen Schluck Wodka, ging dann pinkeln. "In Leipzig, wo sonst." Mehr fiel mir nicht ein. Und dann erzählten die Mädchen, daß dieses Heim eigentlich ihr Studentenwohnheim sei, aus dem sie zur Messe mir nichts, dir nichts einfach ausquartiert worden seien. Keine Sau hätte sich darum gekümmert, wo sie in den vierzehn Tagen unterkommen könnten, in denen für sage und schreibe 60 West-Mark pro Nacht ihre Studentenbuden an West-Journalisten und kapitalistische Geschäftemacher vermietet würden. Wie sich herausstellte, zahlten sie nur 24 Ost-Mark pro Monat für das gleiche Zimmer. Sybille hatte sich in Rage geredet, fragte Klaus-Peter, was er denn für einer sei, der mit Westjournalisten herumschwadronieren könne. Regine fragte abwesend wie beiläufig: "Wir können doch bei dir schlafen, oder hast du was dagegen?"

Klaus-Peter zog sich demonstrativ den Mantel an. Er müsse leider abhauen, in ein paar Stunden schon hätte er wichtige Termine: "Viel Spaß noch." Dann war ich mit den Mädchen allein. Viel zu besoffen, um klar zu denken, geschweige denn, die Situation zu nutzen. Den Mädchen war auch gar nicht mehr nach Schmusen. Sie zogen sich bis auf das Hemd und den Slip aus und auf das zweite Bett zurück. Da saßen sie, die Knie angewinkelt, den Untersatz eines Blumentopfes als

Aschenbecher nutzend, paffend, die fast leere Weinflasche in der Mitte. Ich nuschelte etwas von einer Regine, in die ich mich einmal unsterblich verliebt hätte. 16 Jahre war ich damals, ging auf eine Knabenmittelschule, zu jener Zeit gab es noch Schichtunterricht. So hinterließen wir kurze Liebesnachrichten für unsere Angebeteten in der Mädchenmittelschule in den Tintenfässern, sahen uns natürlich nur zum Schichtwechsel an der Straßenbahn und träumten. Meine Regine hatte einen Pferdeschwanz gehabt und mir tatsächlich einmal zugeblinzelt. Zu meiner Zeit, so gab ich lallender 29jähriger den beiden fast minderjährigen Leipzigerinnen zu verstehen, schwärmte man noch von Gesichtern, vom Bumsen hatte man damals noch keine Ahnung: Liebe, das war was ganz Heiliges, ihre Erfüllung immer mit einer weißen Hochzeitskutsche verbunden - und natürlich mit einer Schlafzimmereinrichtung von Neckermann.

"Wer ist denn Neckermann?" Sybille war ernsthaft interessiert. Ich versuchte, Sybille den bundesdeutschen Versandhandel zu erklären und dabei nicht ohne Stolz auf die Olympiamedaillen-Leistungen des Firmenchefs hinzuweisen. "Berni, laß uns doch das Licht ausmachen." Regine lallte schon wie ich.

"Was willst du eigentlich in Leipzig? Ich meine, worüber berichtest du hier von der Messe?" Sybille wurde immer wacher, hatte sich eine neue Zigarette angesteckt. Ich versuchte, die Sache mit der Kindererziehung und dem Reportageversuch über die vermeintlich vorbildliche Erziehungs- und Bildungsarbeit in der DDR auf die Reihe zu kriegen. Nebenbei schaltete ich die Deckenbeleuchtung aus. Sybille zauberte aus dem Einbauschrank eine Kerze. Vom Waschbecken holte ich mir den Zahnputzbecher, trank nun Wasser. "Bei uns ist die Kindererziehung entweder kirchlich orientiert oder in den städtischen Kindergärten völlig unpolitisch." Sybille lachte. "Was glaubst du, wie sie bei uns gemacht wird? Was erwartest du?" Wenigstens über die Hitlerzeit würde in der DDR mehr nachgedacht, die Kommunisten seien schließlich im Dritten Reich unstrittig im Widerstand gewesen, seien nicht gleichgültig gewesen, und das würde den Kindern auch vermittelt, während bei uns das ganze Thema totgeschwiegen würde.

Sybille war unsicher. Sie habe noch einen kleinen Bruder, ihre Eltern seien schon seit Jahren geschieden. Das sei schon eine gute Sache, das mit den Kinderhorten. Da könne die Frau selbständig bleiben, brauche sich keine Sorgen machen, für die Kinder werde gesorgt. Wenn sie aber je ein Kind haben wollte, dann wolle sie auch selbst dafür sorgen, das Kind zu erziehen. So "Gold" sei das in den Horten ja auch nicht, da spreche sie aus eigener Erfahrung, schließlich sei sie selbst in so einem Hort groß geworden. Dann mußte ich ihr von den Kinderläden erzählen, von den Kommunen in Westdeutschland.

"Gibt es da wirklich so was wie freie Liebe, bumst da wirklich jede mit jedem? Los Berni, erzähl mal ein paar Stories aus deinem Leben."

Regine war entschlummert, schnarchte sogar ganz sanft vor sich hin, ein Baby, unschuldig und betrunken. Sybille zog ihr die Decke über die Schultern, strich ihr übers Haar.

"Soll ich zu dir kommen?"

Ich schlug die Bettdecke einladend auf, sie kroch darunter.

"Willst du dich nicht ausziehen?"

Ich war fast wieder nüchtern, fragte mich, ob es jetzt nicht fast beleidigend für Sybille wäre, wenn ich nichts mehr von ihr wollte. Wir kuschelten uns aneinander, ich streichelte ihren Po unter der West-Strumpfhose, doch sie wollte nur Nähe, kuscheln.

"Das ist doch eine Sauerei, daß ihr hier 60 Westmark löhnen müßt für unsere schönen Studentenzimmer. Ich sage dir, Berni: Marx hin, Marx her, am Ende wollen die nur eure Devisen. Nicht doch, nimm die Hand da weg. Du bist doch viel zu besoffen, das wird doch jetzt nichts mehr. Ein ander' Mal, Berni, findest du nicht auch?" Dann drehte sie mir den Rücken zu. Ich habe sie und Regine nie wiedergesehen.

Lag es am Alkohol oder an den wenigen Stunden Schlaf, am nächsten Morgen jedenfalls hatte ich ausgesprochen schlechte Laune. So unterbrach ich Bigalkes Redefluß beim Frühstück im Presseclub:

"Ob die die Mädchen auf uns angesetzt haben? Ganz sauber waren die doch nicht, oder?" Klaus-Peter tat erstaunt: "Wen meinst du eigentlich mit "die"?" Das wußte ich auch nicht so recht, der Begriff 'Stasi' war zu jenen Zeiten noch nicht populär.

"Na, vielleicht eure Geheimniskrämer von der Partei oder die Vorzensoren: die Typen, die euch in die Braunkohle schicken, wenn mit den Westjournalisten etwas schief läuft." Bigalke lachte.

"Wer hat dir denn den Schwachsinn erzählt? Die Miezen gestern waren doch eindeutig auf eigene Faust unterwegs, absolut harmlos. Außerdem viel zu junges Gemüse für uns, oder hast du etwa ...?"

Ich beruhigte ihn. Mein neuer CDU-Freund ging zum geschäftlichen Teil über, er müsse spätnachmittags zurück nach Erfurt, man solle doch mindestens noch einen Termin abmachen für ein Folgetreffen: Er habe da so eine Sache im Auge mit dem CSU-Baron Gutenberg und Alfred Dregger, da gäbe es interessantes Hintergrundmaterial, garantiert eine "kleine Bombe". Natürlich sprang ich darauf an. Sollte Oehrens für die Gremliza-Fraktion doch offizielle Interviews machen, wenn ich über die Bigalke-Schiene an brisante Stories für "dasda" herankäme. Ich fühlte mal vor: "Sind die etwa auch was gewesen bei den Nazis?" Bigalke wand sich. "Da gibt es, glaube ich, ganz andere Verbindungen. Du weißt doch, die Hälfte der CDU-CSU-Leute in der Bundestagsfraktion sind bezahlte Einfluß-Agenten des Großkapitals."

Bei solchen Allgemeinplätzen hätte ich wahrscheinlich hellhörig werden müssen, doch war nicht auch Stoltenberg aus dem Krupp-Konzern gekommen, hatte nicht Biedenkopf vorher Waschmittel gemanagt? Soweit hergeholt war das Thema nun wieder nicht.

Wir verabredeten, daß Bigalke mich in der Redaktion oder privat anrufen solle, wenn er im Lande war.

"Und du kannst so einfach in den Westen?" Bigalke schien die Frage zu amüsieren. Schließlich sei er Journalist, wie ich, und ich könne ja auch in den Osten, wo sei denn da das Problem?"

Dann kam Rolf, trank noch einen Kaffee und mahnte zur Eile.

"Wenn wir noch vor der Mittagspause den Kram aus dem Zollamt holen wollen, dann müssen wir jetzt aber los." Ach ja, das "dasda"-Paket. Rolf nahm uns in einem Dienstwagen mit, er hatte einen Fahrer. Am Bahnhof fragten wir uns durch. Ich hätte wetten können: "Die haben doch die Zeitschriften für sich behalten, ihr glaubt doch im Ernst nicht, daß die inzwischen hier angekommen sind?"

Doch das Vertrauen der beiden DDR-Bürger zu ihrer Bürokratie war ungebrochen: "Wenn wir die Quittung haben, kriegen wir die Dinger auch." Wir mußten zu einer Sonderstelle im Hauptzollamt Leipzig, ein Büro ohne Namens- oder Funktionsschild. Ich mußte mich ausweisen, meine Papiere wurden wie an der Grenze erst einmal mitgenommen, dann saß man da, wartete. Ich mochte meinen Augen nicht trauen: Tatsächlich erschien nach etwa einer halben Stunde ein Beamter, ein in Zellophan verpacktes Päckchen mit den Zeitschriften in der Hand, und übergab es mir.

"Herr Michels, das ist ja wohl Ihr Eigentum, bitte sehr."

Rolf und Klaus-Peter waren richtig stolz. "Wäre doch gelacht, wenn der Apparat in der DDR nicht funktionieren würde."

"Wenn das nun Verlagsdokumente gewesen wären, private Briefe oder was anderes Persönliches, wer hätte das inzwischen gelesen, fotokopiert und in einer Akte abgeheftet?" Rolf war über meine Frage gar nicht überrascht, bestätigte die Wahrscheinlichkeit. Das Post- und Fernmeldegeheimnis stehe im Ernstfall wohl überall nur auf dem Papier.

In der Paketverteilerhalle traf ich auf einen durch Stellwände abgeschirmten Bereich. An der Tür, ebenfalls ohne Namens- und Funktionsschild saß ein Beamter, der mich mit meinem Begleiter ungehindert passieren ließ. Wir erreichten eine Art Großraumbüro, in dem rund zwei Dutzend Leute an Tischen saßen und lasen. In einer Ecke waren andere Beamte damit beschäftigt, Brief-Kuverts an ihrer Rückseite leicht anzuschlitzen und mit einer Art Stimmgabel den Briefinhalt aufzudrehen und herauszuziehen.

"Was machen die da?" Mein Begleiter schüttelte verständnislos den Kopf, hielt die Frage für überflüssig.

"Die lesen Briefe, das sehen Sie doch." "Was für Briefe", fragte ich. "Na die, aus dem anderen Deutschland." Ich mochte es kaum glauben: "Alle, die hier ankommen?" Mein Begleiter empfand die Frage als Zumutung: "Dann hätten wir ja viel zu tun."

Nein, es seien nur bestimmte Adressaten und Absender, die hier einer Überprüfung unterzogen würden. Dafür hätten sie Listen, man kenne ja schließlich seine Pappenheimer. Das Postgeheimnis? Der Mann zuckte die Schultern: Staatsschutz.

Da saßen tatsächlich staatlich autorisierte Mitleser, zogen genüßlich am Pfeifchen, schmunzelten gelegentlich, wenn ihnen wieder einmal Intimes von Tante Lenchen an ihre Nichte untergekommen war. Diese Beamten brauchten zum Feierabend keine Lore-Romane mehr, ihr Bedarf an Geschichten, die das Leben schrieb, war gedeckt. Gelegentlich fotokopierten sie einen Brief, drehten ihn fachmännisch wieder ins Kuvert zurück, niemand würde merken, daß der Staatsschutz mitgelesen, archiviert und Akten angelegt hatte.

"Wieviel Briefe werden denn hier so am Tag aufgemacht?"

Mein Begleiter wies auf eine Brieföffnungsmaschine, die in einer Ecke stand, davor ein paar Tische, Beamte, die diese Post wie am Fließband bearbeiteten, den Inhalt herausfischten, einen Blick darauf warfen, bestimmte Kuverts auf die Seite legten, den Großteil jedoch wieder eintüteten, die Briefe mit Klebestreifen wieder verschlossen und am Ende mit einem Stempel versahen: "Durch den Zoll nach Paragraph soundso überprüft." So, als handele es sich hier um Rauschgiftfahnder. "Wenn man die dicken Briefsendungen mitzählt, in denen meist Propagandamaterial von drüben steckt, wohl ein paar tausend."

Mein Begleiter sprach sächsisch. Allerdings spielte diese Szene nicht in Leipzig, sondern in der Paketverteilerhalle in Hannover im Jahr 1966. Ich habe sie dort selbst erlebt, als Techniker. In dieser Funktion erhielt ich damals Zugang zu einer weiteren, damals noch ungesetzlichen "Aufklärungsabteilung" des BND. Dieser arbeitete mit dem englischen Geheimdienst zusammen, nach außen als Sonderzollstelle in der hannoverschen Paketverteilerhalle der deutschen Bundespost firmierend, und filzte die hier zentral zusammenlaufende DDR-Post. Was die Geheimdienstler damals nicht wissen konnten, war, daß ich nebenbei und nebenberuflich für die Zeitschriften Deutsches Panorama, Pardon und STERN tätig war, und dem damaligen innenpolitischen Ressortchef des STERN, Gerhard Gründler, von meinem seltsamen Techniker-Einsatz erzählte.

Dies hatte natürlich zur Folge, daß die Geschichte sehr groß im STERN publiziert wurde und im Deutschen Bundestag ein parlamentarisches Nachspiel hatte, weil derartige Verletzungen des Post- und Fernmeldegeheimnisses erst drei Jahre später über die Notstandsgesetzgebung legalisiert wurden.

Ein paar Tage vor der Veröffentlichung im STERN erhielt ich einen Anruf von Gerd Gründler, der mir eröffnete, daß ich am nächsten Morgen wahrscheinlich festgenommen werden würde. Er schickte mir einen Boten mit einem Mini-Tonband vorbei, das ich, wenn ich festgenommen und verhört würde, laufen lassen könne, wenn ich den Mut dazu hätte.

So legte ich am nächsten Morgen vor der Fahrt in meine Firma mit Heftpflaster das Mini-Tonband zwischen meine Beine, zog die dünne Strippe mit dem Manschettenknopf-getarnten Minimikro durch meine Unterwäsche an den Hemdärmel-Aufschlag und fuhr los.

Tatsächlich warteten zwei Herren zusammen mit meinem Chef bereits auf dem Hof auf mich. Ob man mich einmal sprechen könne? Unauffälllig betätigte ich den Startknopf am Manschettenknopf. Dann fragte ich die Herren, wer sie seien.

"Staatsschutzabteilung" war die kurze, nicht sehr präzise Auskunft. Doch irgendwie fühlte ich mich sicher. Gründler hatte mir deutlich gemacht, daß mir eigentlich nichts passieren könnte: "Schließlich ist der STERN ja auch noch da."

Die Herren fuhren mit mir in Richtung Regierungsviertel, wir landeten im niedersächsischen Finanzministerium, in dem ich einem Oberregierungsrat Berlin vorgeführt wurde.

"Dieses ist kein Verhör", sprach er zu mir und dem mitlaufenden Mini-Tonband, "betrachten Sie dieses Gespräch als väterlichen Rat." Dann sprach er über meine staatsbürgerlichen Pflichten, darüber, daß ich ja wohl auch meiner Firma gegenüber eine gewisse Schweigepflicht über das hätte, was ich bei meinen Techniker-Einsätzen so sähe oder mitbekäme: "Oder wollen Sie, daß Ihrer Firma alle staatlichen Aufträge entzogen werden?" Im übrigen sei das Briefelesen in der Paketverteilerhalle von Hannover legal, vom bundesdeutschen Zollgesetz voll abgedeckt, das nun einmal politische Propaganda vom Posttransport ausschlösse: "Oder sind Sie Kommunist?"

Um es abzukürzen: Das Verhörgespräch wurde auch im STERN abgedruckt, meine Firma legte mir nahe zu kündigen, was ich dann auch tat. Damit rettete ich nicht nur die staatlichen Aufträge, sondern womöglich die Arbeitsplätze meiner Kollegen.

Stasi-Methoden auch in der Bundesrepublik? Wie schon gesagt, der Begriff Stasi war zu jenen Zeiten hierzulande noch nicht populär.

Es ist vier Uhr morgens, in meiner Zelle in Köln-Ossendorf. Ich stehe immer noch am Fenster, zähle die Kippen. Komisch, Geheimdienste, vor allem deutsche Geheimdienste, waren mir immer zuwider, dennoch haben sie mich mein Leben lang begleitet. Nach der Sache im STERN 1966 wird es wahrscheinlich schon in beiden deutschen Nachrichtendiensten Akten über mich gegeben haben, sowohl beim BND, als auch bei der HVA des MfS. Damals war ich ganze einundzwanzig Jahre alt, frisch verheiratet, stolzer Vater.

Nun stehe ich hier vor dem vergitterten Fenster, beschuldigt der wichtigste Top-Agent der Stasi nach Guillaume gewesen zu sein, erinnere mich an dies und das und an meine besonderen Beziehungen zur DDR. Die haben nun ganz und gar nichts mit Geheimdiensten zu tun, sondern mit Kindheit und Träumen nach Unbefangenheit.

Das Land der weißen Friedenstauben an den Fenstern, der Parolen vor Trümmerfeldern, der tausend Sprüche für Weltfrieden, Völkerfreundschaft und Solidarität, es war einmal mein Land gewesen: mit Eltern, Tanten, Onkeln, Cousins und Cousinen, besonders Cousinen.

In eine hatte ich mich verliebt. Ich war längst im Westen, weil die Eltern geflüchtet waren, nicht zuerst, weil sie sich politisch verfolgt dem Kommunismus entziehen wollten, eher zuletzt, weil ihre Schwarzmarktgeschäfte aufgeflogen, Komplizen verhaftet worden waren.

Ingrid hieß sie, wie ich sechzehn Jahre alt, als wir uns auf einer Konfirmationsfeier in Rogätz bei Magdeburg einmal wiedersahen. Wir tauschten Erinnerungen über gemeinsames Entenhüten auf den Elbwiesen aus, damals, als sie noch Strickstrümpfe braun und unansehnlich über die Knie gerollt hatte. Und heute trägt sie Nylons, weiß der Teufel, wo sie sie her hatte auf jener Konfirmationsfeier, jedenfalls mit Strapsen unterm weiten Rock und mit ziemlich ausgeprägten, wenn auch sanft verlaufenden Rundungen unter dem strammen Pulli. Küssen konnten wir schon auf den Elbwiesen, die Enten suchend. Wohin in jener Zeit mit dem Vereinigungsgedanken: sie Studentin auf dem Politechnikum von Merseburg, marxistische Lehren verbummelnd, ich Lehrling im väterlichen Büromaschinenbetrieb von Oldenburg, vor allem Reparatur-Stunden schindend, die an der Steuer vorbei schwarze Familienkassen auffüllten. Es wurde eine wunderbare Briefschreibe-Liebe, die alle Triebe aussparte, romantisch, über gemeinsam erfahrene deutsche Literatur die Sehnsucht umschrieb, ein bißchen oberhalb von Nylon-Strapsen tätig zu werden.

Spätestens an dieser Stelle würde der Generalbundesanwalt nachfragen, ob es nicht vielleicht doch eine gewisse Vorliebe, wenn nicht schon für Kommunisten, dann jedenfalls für Kommunistinnen bei mir geben könnte. Als Top-Agent braucht man Motive. Doch wahrscheinlich würde die Karlsruher Gerechtigkeits-Veranstaltung alles wieder mißverstehen, wenn ich statt Ingrid nun Lenin als besonders anhaltende Vorliebe ins Feld führen würde. Aber damit hat es eine besondere

Bewandtnis. Ich bin nämlich zu einem Zeitpunkt in Magdeburg eingeschult worden, als Stalin noch herrschte und infolgedessen den Erstklässlern in der gerade gegründeten DDR der Stalinismus weniger in Form ideologischer Texte als in Form spannender Indianergeschichten nähergebracht wurde.

Und so habe ich den Genossen Lenin als verkleideten Heizer auf einer Lokomotive kennengelernt, die unentwegt durch feindliche Gebiete dampfte. Lenin, der Held, der andauernd die Übermacht feindlicher Schergen foppte, brav seine Kohlen schippte, für die Genossen und das Volk mindestens soviel Gefahren auf sich nahm wie Old Shatterhand, schließlich irgendwo mit seiner Lokomotive ankam und König von Rußland wurde. Wir Kinder konnten damals gar nicht genug hören von diesem Lenin, dem Robin Hood von Petersburg, dem Rächer der Enterbten. Und Grotewohl und Pieck sollten so etwas wie seine Patenkinder sein.

"Bau auf, bau auf" sang ich mit Inbrunst an jenem Tag, an dem dieser Otto Grotewohl und dieser Wilhelm Pieck im offenen Auto am Magdeburger Bahnhof vorbeifuhren. Sie wurden von uns Schulkindern umjubelt, die kilometerweit marschiert waren, um dort jene kleinen Veilchen-Sträuße den Helden der Arbeiterbewegung ins Auto zu werfen, die zu eben diesem Zweck vorher von der Schulleitung an uns verteilt worden waren. Es waren nicht gerade Widerstandsgedanken, beileibe nicht die vorempfundene Oppositionsrolle eines damals siebenjährigen DDR-Bürgers, sondern schlichte familiäre Bindungen, bestenfalls praktische Vorteilserwägungen, die mich damals dazu brachten, zwar zum Veilchenwurf auszuholen, die Blümchen dann aber doch heimlich unter meiner Jacke zu deponieren, um sie nachmittags meiner Mutter zu schenken.

Diese im zarten Kindesalter vollzogene Privatisierung staatlich gelenkter Gefühlszuwendungen hielt mich später nicht davon ab, für sozialistische Ideen im allgemeinen und den real existierenden Sozialismus in der DDR im besonderen eine ausgeprägte Neugier zu entwickeln. Dabei waren es wohl weniger das System, mehr die Erinnerungen an Wassereis und Stoppelfelder, Akazienbäume und schrill quietschende Straßenbahnschienen, an die erste Dampferfahrt auf der Elbe, die klapprigen Jahrmarktbuden zwischen den Trümmern des Magdeburger Domes und an die alte Lehrerin die mir nie hätten in den Sinn kommen lassen, daß mir das Land meiner Kindheit vom Chefankläger der Bundesrepublik Deutschland einmal als "fremde Macht" um die Ohren gehauen würde, für die ich als Agent tätig gewesen sei.

So gilt das Erschrecken, wenn ich aus den Tagträumen dieser Nacht in der Zelle von Köln-Ossendorf erwache, nicht dem tatsächlich Erlebten, sondern der Vorstellung, mit jener Stasi-DDR in einen Topf geworfen zu werden, die nicht nur mir erst in den letzten zwei Jahren nach dem Mauerfall so fremd und unheimlich geworden ist. Hatte ich hinter den Idyllen der Kopfsteinpflaster, der Nutzgärten und der bescheidenen Gemütlichkeit im Arbeiter- und Bauernstaat die hektische Betriebsamkeit des Unterdrückungsapparates in der DDR schlicht übersehen? Haben meine Verwandten und Bekannten in jenem Schnüffelstaat nicht immer nur über fehlende Bananen, Stecknadeln und lange Wartezeiten für den Trabbi geklagt, mit keinem Wort aber erwähnt, daß sie von IMs umzingelt, dem Nachbarn nicht über die Schwelle trauen? Was wußte ich schon von der DDR?

"Aufstehen!" Vor der Zellentür stehen zwei Häftlinge mit einem Rollwagen. Kaffee, Marmelade, Brot. Während sie weiterrollen, sagt einer: "Das war ein Politischer. Fernsehstar. Der bleibt nicht lange."

1974: Wie ich zu den Genossen kam

"So war das mit Engholm." Die BILD-Reportage zu dieser Überschrift beschäftigt sich mit meinem Leben. Mutmaßungen über die Motive eines Top-Spions. "War er durch seine Spielleidenschaft erpressbar?" Die "Taz" nennt mich einen "Flachland-Guillaume", denkt eher an einen Überzeugungstäter: "Michels kommt aus der antiautoritären Bewegung." Die Lübecker Nachrichten konstatieren: "Ex-SPD-Sprecher Michels konnte sehr ironisch mit seiner eigenen Partei umgehen." Die WELT unterstellt, ich sei Engholms Lieblings-Journalist: "Als einziger durfte er sogar in Engholms Lübecker Wohnung." Sozialminister Jansen wird zitiert: "Ich habe ihn als radikalen Demokraten kennengelernt. Mit der SED hatte er nichts am Hut." - BILD: "Ein Mann mit zwei Gesichtern."

"Sind Sie eigentlich in der Partei?" Diese Frage hatte mir KONKRET-Chef Klaus-Rainer Röhl Anfang der siebziger Jahre gestellt und auf mein Kopfschütteln hinzugefügt: "Dann wird es aber Zeit. Sie werden heute abend einen Mann kennenlernen, der wird Sie überzeugen." Ich fuhr nach Schleswig-Holstein.

Das Publikum auf der Empore des theaterähnlichen Rundbaus trägt schwarz. Vereinzelt werden Operngläser justiert und Blitzwürfel auf Instamatics montiert. Sonst gastiert hier die Volksbühne. Unten im Saal des Heider Tivoli aber ist Jahrmarkt. Da ziehen die Honoratioren prüfend die Uhr aus der Weste, während ein Mütterchen gelangweilt die BILD-Zeitung liest. Da stolpern Kameraleute über lehmverschmutzte Gummistiefel, blinken vergoldete Mao-Buttons an verschlissenen Parkern, suchen Landwirte Platz für zusammengeknüllte Lodenmäntel. Im Mittelgang versucht eine Gruppe von etwa achtzig Jungmannen, einem verbeulten Waldhorn der Reihe nach Töne zu entlocken. Als es endlich gelingt, überstimmt ein Freudengeheul die röhrenden Laute. Die Leute sind gewappnet. Man wird mit ihnen rechnen müssen. Dann macht das Fernsehen seine Lichter an. Abrupt bricht die Volksfeststimmung ab. Der Kandidat betritt die Bühne. Der Mann, zu dem mich Röhl nicht nur für eine Reportage schickte. Er sollte an diesem Abend nicht zum Reden kommen.

Als die ersten Stühle drohend in die Höhe gehoben werden, habe ich den naiven Einfall, Nahaufnahmen machen zu wollen. Die Jungmannen mit dem Horn sind inzwischen aufgestanden, ihr Schallreservoir ist erschöpft. Jetzt folgt Handfestes. Drohend schwingen sie die Fäuste. Noch bevor ich auf den Auslöser drücken kann, versucht jemand, mir die Kamera zu entreißen. Durch das Trageband wird mein Kopf nach vorn gerissen, gleichzeitig bekomme ich Stöße in die Seite. Ein rotwangiger Endfünfziger reißt in meinen Haaren, brabbelt: "Keine Fotos, hier werden keine Bilder gemacht, linkes Pack." Eine pralle Deern versucht, meine Kamera zu öffnen, den Film herauszuziehen. Andere kreischende Weiber attackieren die Fernsehleute: "Rotfunk. Euch kennen wir doch vom NDR." Nach zwei Stößen vor die Brust gehe ich zu Boden. Hinter mir splittert das Glas der Fernsehleuchten. Der Ständer wird umgerissen, trifft mich an der Schulter. Zwei Polizisten ziehen mich an den Armen aus dem Gewühl hinter die Linien, heben mich auf die Bühne. Der Kandidat steht immer noch mit unbewegtem Gesicht am Rednerpult. Seine Frau, die die Szene vom rückwärtigen Bühnenraum aus beobachtet, bekommt Angst: "Komm da weg, oder willst du unbedingt den Pappkameraden spielen." Sie geht zu ihm, zieht ihn mit.

Die Stühle schwenkende Meute hat den Bühnenrand erreicht, vor sich nur noch eine hilflose Polizei-Kette. Der Kandidat greift mich am Arm: "Ist was passiert? Kommen Sie lieber mit uns." Durch einen Hintereingang führen uns Polizisten zu einem Auto. Fragend blickt mich einer an, weiß nicht so recht, ob er mich nun auch in Sicherheit bringen muß. "Der kommt mit", sagt der Kandidat, und im Auto fragt er mich, ob die Fotos wohl was geworden sein könnten. "Ich weiß nicht, eigentlich bin ich schreibender Reporter, fotografiere nur nebenbei." Und dann: "Konnte ja keiner ahnen, daß so was passiert." "Konnte man schon", sagt der Kandidat, "wo kommen Sie überhaupt her?" Ich sage es ihm. Er lacht. Ich weiß gar nicht, wohin wir fahren. "Mein Auto steht noch am Tivoli, eigentlich wollte ich noch zurück nach Hamburg. Wird wohl jetzt nichts mehr."

Die Frau des Kandidaten sagt, sie werde schon ein Zimmer besorgen. Wenn ich wollte, könnte ich mitkommen. Ich wollte. Wir fahren nach St. Peter Ording.

Dann sitze ich dem Mann gegenüber, erstmals, in seiner Wohnstube, in der ich mich Jahre später schon wie zu Hause fühlen werde. Er im Schaukelstuhl, ein Glas Wein in der Hand, seine Frau holt für mich Bier aus der Küche. Ich sieze ihn, er duzt mich jetzt, wo er zu Hause ist.

Der Kandidat heißt Jochen Steffen, 1971 SPD-Spitzenkandidat für die Landtagswahlen in Schleswig-Holstein. Sein Gegner: Gerhard Stoltenberg. Doch der "rote Jochen" ist alles andere als ein Provinzpolitiker. Für die SPD des Willy Brandt unbestrittener Star am linken Rand der Partei signalisiert der Rote aus dem Norden an APO und Antiautoritäre Reformfreude und Sozialismusbereitschaft der etablierten

Genossen. Es gilt, die rebellierende Jugend in der Partei aufzusaugen, den Elan der 68er für die Sozialdemokratie einzufangen. Jochen Steffen wird diese Rolle vom Parteivorstand nicht zugewiesen, er spielt sie aus Überzeugung und hält sie auch dann noch durch, als mit Helmut Schmidt neue Regieanweisungen aus Bonn kommen. Am Ende wird er scheitern, doch 1971 ist der Kieler Oppositionsführer noch bundesweiter Bürgerschreck, provozieren seine Ideen, seine Sprache und sein Wahlkampf in so radikaler Art und Weise, daß Oskar Lafontaine heute dagegen wohl wie ein vorlauter Musterschüler des späten Herbert Wehners wirken würde.

"Lies dir das mal durch." Steffen schaukelt schmunzelnd vor sich hin, reicht mir die Fotokopien von BILD-Zeitungskommentaren. Einer ist von einem gewissen Peter Boenisch: Jochen Steffen, so steht da, sei ein "Süßwasser-Lenin" und "das Volk hat in einer Demokratie schließlich das Recht, jeden Politiker zur Hölle zu schicken, der es verdient. Ich werfe Herrn Steffen nicht vor, daß es ihn gibt. Er kann ja nichts dafür."

Ich schüttele den Kopf. Vielleicht liest man zuwenig BILD-Zeitung. "Siehste", sagt Steffen, "darum passiert so was wie heute abend." Dann zeigt er mir Briefe: wüste Beschimpfungen, primitive Morddrohungen. Eine Wahlkampfreportage solle das werden: "Na, mein Jung´, dann paß mal morgen und übermorgen schön auf, da wirst du die gleichen Störer wiedersehen. Das haben die von der Jungen Union ganz gut organisiert. Entweder sie schreien oder sie betätigen sich als hinterfotzige Fragesteller, blockieren die wirklich Interessierten."

Letztens habe er einem dieser Jugendlichen aus dem christlichen Schlägernachwuchs einen 'Backs' gegeben, als der zum vierten Mal am vierten Ort die Frage gestellt habe, ob er, Steffen, für die Freunde im Osten arbeite: "Du kannst die Truppe mal abfotografieren, deren Methoden dokumentieren, von ein paar Leuten haben wir auch schon die Namen." Steffen sucht nach einem Zettel, gibt ihn mir. Fünf Namen aus der CDU-Nachwuchsorganisation stehen darauf. Einer von denen wird später Geschichte machen: Uwe Barschel.

Der Abend wird lang. Weit nach Mitternacht wird eine Idee geboren, die über zwanzig Jahre lang bis heute die Wahlkampfmittel der SPD beherrschen wird. Die Idee entsteht spontan aus dem Gespräch mit Jochen Steffen über die Methoden der BILD-Zeitung. "Wie wäre es", sage ich, "wenn man einfach ein Plagiat der BILD-Zeitung produziert, aktuell natürlich, mit Sport, Sex und allem drum und dran, und dann in einer Nacht- und Nebel-Aktion morgens vor den Kiosken einfach die Pakete austauscht. Es gibt doch genügend Jusos, die da mitmachen würden. Das wäre doch eine spektakuläre Aktion." Steffen ist von der Idee begeistert. Eine BILD-Zeitung in gewohnter Aufmachung, und dann darin Aufklärung und linke Politik.

Sein revolutionärer Elan hindert Steffen natürlich nicht, vor der Verwirklichung jener weinseligen Wahlkampfidee Rechtsanwälte zu konsultieren. So mutiert das strafwürdige Austauschmodell zur eigenen, selbstverteilten Boulevard-Zeitung im BILD-Stil.

Immerhin, mit Röhls Finanzhilfe und einer mehrtausendfachen Juso-Hilfe bringen wir im Frühjahr 1971 eine aktuelle Wahlkampfzeitung unter die Leute, deren Chefredakteur ich werde. Was heute bundesweit unter dem Titel "Zeitung am Sonntag" bei Kommunal-, Landtags- und Bundestagswahlkämpfen der SPD verteilt wird - bis Anfang der achtziger Jahre gelegentlich ebenfalls unter meiner Chefredaktion - war die Fortführung dieser Idee.

Mit jenem Abend in St. Peter-Ording entwickelte sich nicht nur eine sehr persönliche Freundschaft zu Jochen Steffen, sondern auch eine berufliche Perspektive im Apparat der SPD. Diese sollte mich schon 1971 in die Nähe eines Mannes bringen, der erst zwanzig Jahre später zum SPD-Bundesvorsitzenden und Kanzlerkandidat gekürt werden sollte: Björn Engholm. In jenen Frühjahrstagen 1971 war der smarte Lübecker gerade zwei Jahre im Bundestag, als Hinterbänkler auf Medien angewiesen. Er organisierte selbst eine Pressearbeit, die er bisher nur als Schriftsetzer kennengelernt hatte. Es war Klaus-Detlev Funke, Bundessprecher der Jusos, der mich eines Tages anrief und bat, Björn Engholm zu "featuren": "Mit dem können wir doch mal in KONKRET ein Interview machen." Das Thema sollte egal sein. Engholm gehörte damals dem Fraktionsarbeitskreis Medien an, und so stellte er sich, wohl wissend, was Furore machen könnte, in den Dienst seiner guten Sache. Er griff die SPD-Pressepolitik vor allem in den SPD-eigenen Presseverlagen an. Unter dem Titel "Da kann man nur noch rot werden" erschien in KONKRET denn auch Engholms Kritik an der eigenen Partei, zitierfähig für bürgerliche Medien.

Agent für SPD-Hinterbänkler also schon damals, wenn auch mit

Nase für Erfolgstypen? Es war zu jenen Zeiten allerdings nicht zu ahnen, daß jener in Jeans und rotem Samtjackett dahergelaufene MdB mit Konfirmationshaarschnitt am Ende Chef der traditionsreichen deutschen Arbeiterpartei werden könnte. Ganz im Gegenteil: Björn Engholm wollte damals wohl nur den Nachweis politischer Eigenständigkeit, die Rechtfertigung für den Lübecker Wahlkreis und ansonsten mehr die Freuden jenes Bonner "Glashaus-Lebens" genießen.

Bei meinem neu erworbenen parteipolitischen Engagement lernte ich auch eine Frau kennen, die mich nicht nur durch ihre Politik beeindruckte. Durch sie lernte ich nicht nur die besondere, konsequente, viel ehrlichere, weil auch untaktischere Art, der politischen Selbstdarstellung und Durchsetzungsfähigkeit kennen, sondern auch erstmals das Selbstbewußtsein einer Frau, die Männer mit vollem Recht so behandelt, wie wir Männer in der Regel die Frauen. Und das war die "rote Heidi".

"Laß uns gehen", hatte sie auf einer Party in Hamburgs vornehmer Wohngegend gesagt, mich an die Hand genommen und an die Alster geführt. Da war der Steg eines Bootsverleihs, nachts um halb zwei. Wir banden ein Ruderboot los, sie lachte, bat um eine Zigarette. Wir ruderten abwechselnd. Weit ab vom Ufer ließ sich vortrefflich philosophieren: über die Jusos, deren Vorsitzende sie war, über Stamokap, jenem unsäglichen Begriff für den real existierenden Sozialismus und der bundesdeutschen Realität in Sachen Werften und "Neue Heimat". Aber auch über SPD-Gremien über Willy, Jochen und Helmut Schmidt, über Beziehungskisten, die damals noch "Affären" hießen.

Heidis rote Haare waren vom falschen Rudern schon ganz naß geworden. Kurz vor Erreichen des anderen Ufers in Höhe des Nobel-Hotels Atlantic kenterten wir vor Lachen über unsere Sozis.

Pitschnaß standen wir dann im Foyer des Hotels Popp am Bahnhof. "Eine heiße Milch für mich, und ein Bier für meinen Mann." Anstandslos gab man uns den Schlüssel und servierte das Gewünschte.

"Du", sagte ich irgendwann, "es gibt ein paar Leute in der Baracke, die finden, ich solle dein Pressesprecher im Bundesvorstand der Jusos werden. Hast du sicher schon von gehört." Heidi war empört: "Quatsch. Wir beide dienstlich, das kann nicht gutgehen. Außerdem würde dann nur über uns geredet. Überhaupt, du paßt nicht nach Bonn."

Und dann erzählte Heidi die Geschichte eines Kollegen von dpa, der mit ihr liiert war und der inzwischen durch die Affären-Spalten der BILD am Sonntag geisterte. Komisch, ähnliches hatte mir schon Jochen Steffen erzählt. Geh nie nach Bonn, hatte er gesagt, da tragen acht von zehn Mitmenschen das Messer hinter dem Rücken: komm nach Kiel, zu mir. In jener Nacht im Hotel Popp machte mir Heidi klar, daß ich für die große Politik nicht tauge, viel zu naiv für Hauptstadt-Gemenge, in der Provinz unter Umständen tragbar wäre.

Ein paar Wochen später war Juso-Bundeskongreß in Wiesbaden. Heidi stand wieder zur Wahl. Als Kandidatin der sogenannten Reformisten hatte sie zwar die größte Fraktion, damit aber keinesfalls die Mehrheit hinter sich. Die sogenannten "Hannoveraner", auch "Anti-Revisionisten" genannt, bildeten unter der Führung des smarten Rechtsanwaltes Gerhard Schröder das Zünglein an der Waage. Und Schröder hielt sich wie immer nach allen Seiten offen. So bestand die Gefahr, daß der sogenannte Stamokap-Flügel der Jusos, dem starke ideologische Nähe zur DKP nachgesagt wurde, unter dem Leithammel Detlev Albers zur neuen Juso-Führung avancierte. Um einen öffentlichen Skandal zu verhindern, hatte die Bonner SPD-Führung zwei Emissäre nach Wiesbaden geschickt: Horst Ehmke und Jochen Steffen. Der eine für das Drahtziehen im Hintergrund, der andere für eine überzeugende antikommunistische Rede auf dem Kongreß. Im Wiesbadener Kurpark steckten die beiden, eigentlich sehr verschiedenen Politiker Ehmke und Steffen die Marschroute für das gemeinsame Vorgehen ab. Und ich war nicht zufällig dabei, sondern von Heidi animiert, doch mal zu hören, "was die so vorhaben".

Zunächst konnte ich mir keinen Reim auf den sehr persönlichen und sehr freundschaftlichen Umgang des "roten Jochen" mit dem als pragmatischen Realpolitiker beschriebenen Hotte Ehmke machen. Doch auf einen Nenner gebracht, verband die beiden Politiker wohl die Outsider-Karriere in der SPD. Auf gut deutsch: Sie waren ohne Ochsentour, vor allem wegen ihrer außerordentlichen intellektuellen Fähigkeiten in sozialdemokratische Führungsfunktionen geraten. Professor "Hotte" und das sprachgewaltige Nordlicht entsprachen höchstens in Sachen Alkoholkonsum den Ansprüchen nordrhein-westfälischer Ortsvereine an die Grundausstattung von leitenden Genossen der Arbeiterbewegung. Gut, daß die nie hörten, was das Führungspersonal über sozialdemokratische Hochburgen dachte: Degenerierter Gewerkschaftsklüngel in NRW, Berlin und Hamburg bestimmte für Hotte und Jochen schon viel zu lange den Kurs der Partei. Godesberg, von Wehner einmal als taktisches Programm für bürgerliche Mehrheiten ersonnen, war schon längst zum inhaltlichen Credo für Macht und Machbarkeit verkommen. Kleinstadtmief umhüllte die Genossen.

Und nun waren Jochen und Hotte hier, um einerseits die erfrischende und zugleich APO-schluckende Kraft der Jusos zu erhalten, andererseits einen Führungswechsel zugunsten DKP-naher Flügel zu verhindern. "Willy muß her." Ehmke setzte auf die Autorität des "Alten". Darüber hinaus befürchtete er nicht ganz zu Unrecht eine Trotzreaktion auf Jochens verbale Kraftakte gegenüber den Kommunisten im allgemeinen und den Stamokaps im besonderen. Ziemlich naiv fragte ich Jochen: "Warum machst du die eigentlich immer so nieder?"

"Weil das die falschesten Fuffziger sind, die du dir denken kannst."

Damit ließ es Steffen zunächst bewenden, erst viel später erzählte er mir den wahren und sehr persönlichen Hintergrund seines Mißtrauens gegenüber den Kommunisten. Eigentlich war er in der Deutschlandpolitik immer für einen Dialog, hatte in seiner Landespartei bereits 1964 deutschlandpolitische Themen beschließen lassen, für die viel später gestartete Ostpolitiker Lorbeeren und Nobelpreise ernteten. Und tatsächlich ist Jochen Steffen wohl einer der ersten Sozialdemokraten gewesen, der sich schon Ende der sechziger Jahre heimlich mit SED-Funktionären in Rostock getroffen hatte, um Wege aus dem Kalten Krieg zu suchen. Doch die SED hatte diese Geheimkontakte, sei es aus Eitelkeit, Taktik oder nur aus Schludrigkeit öffentlich gemacht, Steffen damit desavouiert und ihm mit der Veröffentlichung dieser heimlichen Kontaktaufnahme sogar ein Parteiausschlußverfahren eingebrockt. "Wenn du je SED-Leuten die Hand gibst", so warnte mich damals Jochen Steffen, dann zähle hinterher deine Finger nach." Aber wie das so ist mit Ratschlägen älterer Vorbilder, man nimmt sie nicht so ernst. Egon Bahr, Jochen Steffen ebenso verbunden wie ich, kannte die Story schon, als ich sie ihm erzählte: "Stimmt. Die sind so. Na und?"

Zurück zum Juso-Kongreß, Frühjahr 1975, am Ende der Beratungen des ersten Tages, dem Machtkampf zwischen Reformisten, Antirevisionisten und Stamokaps: Als in der Wiesbadener Rhein-Main-Halle die Gemeinsamkeit aller Genossen aus der Pflichtkür gestrichen wurde, beherrschten rustikale Rundschläge die Szene. Solidarisch schlossen sich alle Fraktionen der neuen Sprachregelung an, befanden sich gegenseitig zum Kotzen.

Was seit Jahren mit akademischer Vornehmheit unter alle Resolutionen gekehrt worden war - zwei sich widersprechende Theorien über den wahren Weg zum Sozialismus, kippte nun die wohlausgefeilte Tagesordnung: Die bis dahin mehr schlecht als recht betriebene Integrationspolitik aller Fraktionen wurde von allen Fraktionen als gegenseitige "Arschkriecherei" zugunsten eigener taktischer Vorteile ehrlich gewürdigt. Heidi drohte mit Rücktritt: "Ich bin nicht länger bereit, als nützlicher Idiot für die Negativ-Koalition von Schröder und Albers den Kopf hinzuhalten."

"Was machst du da für'n Scheiß?" Meine Frage an Heidi war auch von jenen Sorgen geprägt, die mir Jochen und Hotte am Nachmittag eingeredet hatten. Heidi müßte bleiben, kämpfen um das antikommunistische Image der Partei. Morgen würde es Willy schon richten.

"Ich habe keine Lust mehr", sagte Heidi, als wäre diese oder andere Veranstaltungen der Partei eine Sache von Gefühlen. "Sieh dir doch den Detlev an, dieses marxistische Bleichgesicht." Der Typ war tatsächlich auf Denkmalpflege eingestellt, hatte auch hier in Wiesbaden mal wieder mit Marx- und Engelszungen den "ideellen Gesamtkapitalisten" herbeizitiert, ohne ihn dingfest machen zu können. Er hatte eine unüberwindbare Systemgrenze zwischen real existierender Sozialdemokratie und angestrebtem Sozialismus gezogen, ohne die Alternative zum kleinen Grenzverkehr benennen zu können. "Den Arsch kaufe ich mir", sagte Heidi auf der späten Suche nach einer Bar. Ehmke hatte vorgesorgt, ein paar Flaschen Rotwein im Angebot.

Geschlagene zwei Stunden, und da war es schon morgens um vier Uhr, die Beine über Kreuz auf dem Teppich im Flur eines Wiesbadener Nobelhotels, laberte der Professor uns frustierten Genossen Kampfeswillen gegen die "DKP-Freunde" ein. "Heidi muß bleiben, alles andere ist eine Katastrophe." Dann ließ er Willy aus dem Sack, erklärte, daß der große Vorsitzende höchstselbst morgen als Überraschungsgast erscheinen würde, doch dessen geplante Kampfesrede für die Reformisten habe ja wohl nur einen Sinn, wenn Heidi mitspiele und erneut kandidiere. Unter diesen Umständen erwachten Heidis Loyalitätsgefühle: Wenn Brandt sie in die Pflicht nahm, konnte sie nicht kneifen.

"Dem Albers werden wir einschenken." Hotte lachte: "Da mußt du aber mit heißer Milch kommen, das ist ein Puritaner." Mit den Worten, "Wo ist denn hier die Küche?" verschwand die Juso-Vorsitzende und erschien ein paar Minuten später tatsächlich mit einem Glas Milch auf einem Silbertablett: "Zimmer 306, alles mitkommen." Es war morgens um halb sechs Uhr, als Heidi an die Tür des Stamokap-Führers pochte. Völlig verdattert, in Unterhose und Unterhemd öffnete Albers, sah verdutzt erst auf die Milch, dann auf uns. Heidi reichte ihm das Silbertablett: "Komm Detlev, aufstehen, Konzerne knacken."

Bliebe nachzutragen, daß Heidi am Nachmittag mit 170 gegen 103 Stimmen siegte, der Theorie vom "staatsmonopolistischen Kapitalismus" eine klare Abfuhr erteilt wurde.

Der Wiesbadener Juso-Kongreß sollte für lange Zeit meine letzte Begegnung mit der Partei in journalistischer Funktion bleiben. Auf dem Mannheimer SPD-Bundesparteitag im Herbst 1975 war ich schon selbst Funktionär, persönlicher Referent des SPD-Landesvorsitzenden Günther Jansen, Pressesprecher des Landesverbandes und Chefredakteur der Landespartei-Zeitung. Ich hatte mich für diesen SPD-Job entschieden, weil ich für Röhls neuen "dasda" Verlag keine Perspektiven sah, auch, weil mir die Leute in der SPD-Schleswig-Holstein gefielen und weil ich die Parteiarbeit zunächst als interessantes Neuland betrachtete. Für den Generalbundesanwalt und seine Guillaume-Theorie sei hinzugefügt, daß jene Anstellung ausschließlich auf Betreiben und Fürsprache Jochen Steffens zustandekam. Die schon vorhandenen "Freunde" im anderen Deutschland reagierten später überrascht auf meinen Stellungswechsel, und wenn sie sie denn gehabt haben sollten, hielten sie ihre Freude darüber gut verborgen. Tatsächlich war wohl auch die Zentrale der Oppositionsarbeit in der Provinz nicht gerade das Traumziel für die Agentenmacher in der Normannenstraße.

Das Kieler Juso-Blatt "Rotkehlchen" kommentierte nach den ersten Meldungen, die besagten, daß ich der Top-Agent in der SPD gewesen sei: "Wenn es denn stimmt, daß Bernd Michels nicht nur die hiesige Öffentlichkeit, sondern auch den DDR-Geheimdienst über die finsteren Absichten der SPD Schleswig-Holstein informiert hat: Welche

Geheimnisse kann er verraten haben? Hintergründe über den Gesamtschulstreit? Die Bildungsarbeit der nordelbischen Jusos? Meerumschlungenen Klatsch und Tratsch? Stand nicht ohnehin alles, was indiskret von der SPD zu berichten war, in den Zeitungen, mindestens in Springers WELT? War Michels gar ein BND-Agent, der die Stasi gezielt mit Tausenden von SPD-Drucksachen eingemüllt hat?"

Was das Kieler Juso-Blatt glossierend vermutete, wird am Ende gar nicht so weit von einer Wahrheit entfernt sein, die sich mir im Frühjahr 1992 immer staunender und erschreckender eröffnet. 1975 aber ahnte ich weder etwas von der Stasi, noch von systemübergreifenden Machenschaften der Geheimdienste. Mein Wert als "Geheimnisträger" beschränkte sich eigentlich auf die Möglichkeit, den Landesvorstandssitzungen beizuwohnen. Den politischen Stellenwert derartiger Zusammenkünfte habe ich selbst einmal in der SPD-Zeitung "wir" zum Gaudi aller schleswig-holsteinischen Heimatzeitungen - die mich damals reichlich zitierten - so beschrieben:

"Schluß mit geheimnisumwitterten Landesvorstandssitzungen. WIR veröffentlichen das Standard-Protokoll jener intimen Zusammenkünfte unserer Spitzengenossen, die immer nach gleichem Muster wie folgt ablaufen: Der Vorsitzende (Günter Jansen) erscheint eine halbe Stunde zu spät und erklärt die zunehmend unerträglicher werdende Verkehrs- und Stau-Situation in Ostholstein. Freundliches Gemurmel. Gerd Walter (Europa-Abgeordneter) bittet, das Rauchen einzustellen. Darauf zünden sich Björn Engholm und Egon Bahr je eine Pfeife, Klaus Matthiesen eine Zigarette an. Klaus Matthiesen bittet Gerd Walter um eine Kopfschmerztablette. Gert Börnsen verlangt eine Diskussion über die von ihm verfasste Resolution über das Elend in der Dritten Welt. Klaus Matthiesen bittet Gerd Walter um zwei weitere Kopfschmerztabletten und bestellt Schnaps.

Egon Bahr greift Börnsens Initiative auf und erzählt von seiner letzten Moskau-Reise. Hans Wiesen (heute Landwirtschaftsminister) bittet um Sitzungsunterbrechung zwecks Aufgabe von Bestellungen. Er bestellt Haxe, Engholm läßt die Weinkarte kommen. Günther Jansen strukturiert die verfahrene Diskussion und verlangt den sofortigen Abbruch aller Atomkraftwerke. Engholm und Bahr geben zu bedenken, daß Helmut Schmidt das vielleicht nicht sofort unterstützen könnte. Allgemeines Murren. Hans Wiesen bestellt einen Eisbecher.

Gerd Walter macht die Fenster auf. Börnsen reicht seine Resolution `rum. Günther Jansen bittet um Abstimmung über die Atomkraftwerksfrage. Engholm und Bahr haben wichtige Termine und verabschieden sich. Börnsen und Jansen haben die Mehrheit. Die SPD Schleswig-Holstein ist und bleibt ein ganz linker Landesverband."

Man mag es ja für überzeichnet halten, aber so und nicht anders verliefen die Mehrzahl aller Landesvorstandssitzungen, wie ich vermute, auch in anderen Parteien und auf anderen Ebenen: Politik ist nämlich gar kein so schmutziges, eher ein langweiliges Geschäft. Bliebe nachzutragen, daß mir auf Grund dieses und weiterer despektierlicher Artikel in der parteieigenen Mitgliederzeitung auf Antrag des damaligen Bundesgeschäftsführers Egon Bahr 1979 die Verantwortung für die parteieigenen Publikationen entzogen werden sollte. Dies lehnte jener, von mir karikierte Landesvorstand mit großer Mehrheit ab. Darum habe ich mich solange dort so wohl gefühlt.

1978: Der DDR-Kollege mit dem falschen Paß

Köln-Ossendorf am 19. November 1991 morgens um sieben: Muckefuck und Marmeladen-Stulle. Ein Mann im Unterhemd mit unzähligen Tätowierungen am Arm füllt mir den Becher: "Bist neu, was? Wenn de was brauchst: Kokie ist immer bei dir." Ein Uniformierter mischt sich ein, bedeutet Kokie mit der Hand vor der Stirn, daß er auf dem falschen Dampfer ist, der Mann sei sein Kunde: "Wenn Sie Wünsche haben, Herr Michels, dann wenden Sie sich bitte an uns." Schon bin ich unten durch bei den wahren Knackis.

In einer Sammelzelle warte ich mit rund einem Dutzend Mitgefangenen auf das sogenannte Aufnahmeverfahren. Es darf geraucht werden, in diesem engen Raum eine Zumutung. Die Leidensgenossen sind durchweg jünger als ich. Einer krümmt sich in der Ecke, brabbelt ständig vor sich hin: "Die holen mich hier raus, gleich kommt meine Tussi." Rauschgiftabhängige Aufnahmehäftlinge bilden die absolute Mehrheit. Ein Schimanski-Typ, auf Freigang getürmt und wieder eingefangen, hofft auf Wuppertal: "Das ist absolut der beste Knast im Land, sage ich euch." In der Ecke an der Heizung kauert ein kleiner Türke in Trainingshose und T-Shirt, friert, hat ängstliche Augen, wird von den anderen gemieden. "Du Zigarette?" bettelt er mich an. Ich gebe ihm eine. Da kommt ein Aufseher, holt meinen Türken: "Na, Mehmet, was hast du nun wieder angestellt, jetzt bringt ihr euch schon gegenseitig um. Hast wohl was gegen Türken, was?" "Mit 'nem Kartoffelschälmesser hat der seinen Bruder abgestochen", sagt der Schimanski-Typ: "Und so einem gibt diese Brille Stäbchen."

Ich werde nun mit offener Feindseligkeit bestraft. Doch es kommt noch schlimmer. Plötzlich erscheint eine attraktive Mittdreißigerin in der Zellentür, fragt nach einem Herrn Michels: "Es tut mir leid, Herr Michels, Sie müssen das Aufnahmeverfahren hier noch mitmachen, bevor wir Sie entlassen können. Die Kaution ist gestellt. Eigentlich sind Sie jetzt frei." Der begleitende Beamte sagt auch noch: "Wenn Sie Wünsche haben, ich meine Kaffee oder belegte Brötchen von drüben aus der Kneipe, wir besorgen das gern."

Meine Zellengenossen starren mich an, als sei ich ein Aussätziger. Jetzt würde keiner mehr eine Zigarette von mir nehmen.

Der immer noch von Krämpfen geschüttelte Dealer in der Ecke kichert: "Wenn du Wünsche hast, Herr Brille ... besorg mir was, ich verrecke." Dann schiebt er mir tatsächlich einen Zettel mit einem Namen und einer Telefonnummer zu, brabbelt: "Anrufen, mein Mädchen macht das schon." Während ich noch lese, nimmt mir ein Tätowierter den Zettel weg, macht den Dealer an: "Der Typ hat doch keine Ahnung, is'n Politischer." Ich nicke, versuche zu lächeln, denke: "Von was hat man schon Ahnung."

"Wie waren die Kontrollen an der Grenze?" Klaus-Peter saß an einem kleinen Tisch mit dem Rücken zur Wand. Wir zwei waren normale Gäste im Erste-Klasse-Restaurant im Hauptbahnhof Kopenhagen. Ich verstand den Sinn der Frage nicht. Zwischen Schleswig-Holstein und Dänemark wird selten mehr als ein Blick auf die Personalausweishülle geworfen. "Ja, haben sie dich kontrolliert?" Bigalke setzte nach. "Hör mal", sagte ich, "die haben mich gar nicht angeguckt, aber was soll das?" Mein CDU-Freund aus der DDR, der mich für eine besonders heiße Geschichte aus der bundesdeutschen Skandal-Chronik seiner Schwesterpartei herbestellt hatte, machte mich zunächst auf den konspirativen Charakter dieser Art journalistischer Informationsbeschaffung aufmerksam. Das alles sei ja schließlich nur zu unserer Sicherheit: "Dänemark ist doch ein NATO-Land, und wenn wir hier in eine Razzia oder so was ähnliches geraten würden, die würden uns doch glatt für Agenten halten."

Wieso Agenten dachte ich, diese DDR-Kollegen leiden wahrscheinlich alle an Verfolgungswahn. Schließlich hatten wir uns in den letzten Jahren ja schon mehrmals getroffen, meist am Rande von Parteitagen in Köln, Berlin und Hamburg. Bigalke hatte von diesen Parteitagen berichtet und war dabei ordentlich angemeldet und als Journalist akzeptiert gewesen. Einmal ist er mit mir spontan auf den Kölner Dom gestiegen, nachdem wir uns in einer Kneipe am Bahnhof Sauerkraut und Eisbein reingezogen hatten. Als wir keuchend und schwitzend auf der Aussichtsplattform angekommen waren und ich, der ich körperliche Anstrengungen in der Regel mied, meinen Mißmut über derartige Aktionen zum Ausdruck brachte, sagte er: "Hier vermutet uns doch nun wirklich keiner."

Heute, fünfzehn Jahre nach der Besteigung und ein paar Jahre nach dem Gewahrwerden unserer wahren Beziehungen, muß ich Bigalke recht geben: Die oberste Plattform des Kölner Domes hätte wahrscheinlich selbst das in dieser Stadt ansässige Bundesamt für Verfassungsschutz nicht als Agententreffpunkt ins Auge gefasst. Tatsächlich haben wir uns da oben auch nur über die schöne Aussicht unterhalten.

Vor und zurück ins Jahr 1978, jenem Kopenhagener Treffen, bei dem das Verhalten und die Sprüche des DDR-Kollegen mir wahrscheinlich hätten klar machen müssen, daß Klaus-Peter Bigalke neben seiner Redakteurstätigkeit bei der Ost-CDU auch noch anderen Beschäftigungen nachging. "Kennst du eigentlich den Tivoli?" Ich schüttelte den Kopf. "Mensch, Klaus-Peter, genau um Mitternacht geht mein Zug." Bigalke schlürfte an seinem Kaffee: "Den kannst du vergessen. Heute machen wir einen drauf, hab´ ich alles schon im

Griff. Erst Tivoli, dann Witwen-Ball, habe mich erkundigt, da können wir gut abschleppen."

Daß Bigalke seine Westreisen vor allen dazu nutzte, nette Abenteuer zumindest ins Auge zu fassen, hatte ich schon früher erlebt. Doch so entschlossen, wie in Kopenhagen war er selten. "Ich habe doch gar kein Hotel." Bigalke lachte: "Ich sage nur Sheraton. Da habe ich für dich gleich mitgebucht." Einerseits hatte ich durchaus Lust auf einen Kopenhagener Abend, andererseits kannte ich hier die Zimmer- und Alkoholpreise. Dies war ein Grund, warum ich mich auf den Nachtzug eingestellt hatte. "Bist du nicht ganz dicht? Im Sheraton kriegt man doch nichts unter zweihundert Mark." Bigalke reagierte fast empört: "Das muß doch nicht deine Sorge sein, ist doch längst bezahlt. Du glaubst wohl, nur weil ich aus der DDR komme, könnte ich mir so was nicht leisten? Ich kann das abrechnen."

Man mag mich für blöde, naiv oder berechnend halten, ich habe mir tatsächlich wenig Gedanken über das Spesengebaren meines DDR-Kollegen gemacht. Einmal, weil ich ihn nicht beleidigen wollte, zum zweiten, weil es bequemer war, solche milden Gaben zu akzeptieren, als Fragen zu stellen, die Bigalke vielleicht in Schwierigkeiten gebracht hätten. Welcher Art diese Schwierigkeiten sein könnten, darüber war ich mir damals noch nicht klar. "Also gut," sagte ich, "dann muß ich aber meine Frau anrufen, sagen, daß ich erst Sonntag wieder nach Hause komme." Bigalke überlegte, schlug mir dann vor, schon wegen der Frauengeschichten, die Ehepartner dann immer vermuten würden, wichtige Recherchen, die möglichst nichts mit ihm oder der DDR zu tun hätten, vorzuschieben. Jetzt mußte ich lachen: "Meine Frau weiß doch, daß ich dich hier treffe, also kann ich ihr nun doch nichts anderes erzählen."

Bigalke wurde nachdenklich. Er bestellte noch zwei Bier. Dann wiegte er sein Haupt bedeutungsschwanger hin und her, sagte unvermittelt: "Findest du das gut, wenn deine Alte in unsere Treffen eingeweiht wird? Du weißt doch nie, was mal ist. Irgendwann habt ihr mal Krach miteinander und dann posaunt deine Frau in alle Öffentlichkeit, daß du dich mit DDR-Leuten triffst. Das ist doch ein Risiko." Die spinnen, diese DDR-Menschen. Geheimnisse, Risiko, was sollte das alles? Wenn ich mich hier mit einem DDR-Journalisten treffe, dann hatte doch höchstens der ein Risiko zu tragen. Wir im Westen waren doch eher stolz auf unsere DDR-Kontakte, prahlten in den Journalisten-Kneipen mit den ergiebigen Quellen da "drüben". Wäre doch gelacht, wenn nur der SPIEGEL oder der STERN solche Connections zustande brächten und brisante Papiere aus dem unerschöpflichen Reservoir der DDR-Archive in die Hand bekämen. Schließlich hatten wir die freie Marktwirtschaft, und Konkurrenz belebt das Geschäft. Was war also mit meiner Story? Bigalke bedeutete mir: nicht jetzt und nicht hier. Dann sagte er fast flüsternd: "So was nehme ich doch nicht auf einen Bahnhof mit." Das machte mir Hoffnung, endlich mal mehr als dröge Analysen über die Kapitalfreundlichkeit und Rechtslastigkeit bestimmter CDU-Politiker in die Hand zu bekommen. Ich sollte nicht enttäuscht werden.

Das Zimmer im Sheraton strahlte schon so etwas wie "große Welt" aus. 550 Dänenkronen waren für die Übernachtung auf einem Schildchen neben der Tür ausgewiesen. In meinem Leben hatte ich erst einmal solchen Übernachtungsluxus erlebt. Das war im Berliner Hilton gewesen, wo ich nachts um drei Uhr gelandet war, weil mein Vorhaben, die Nacht in Berlin aus Hotelkostenersparnisgründen durchzumachen, durch plötzlich eintretende bleierne Müdigkeit ins Gegenteil umschlug: Für jeden Preis der Welt mußte da ein Bett her. Und nachts um drei Uhr bekommt man eben nur noch Betten in der Luxusklasse. 150 Mark hatte ich da für ganze vier Stunden geblecht, um sieben Uhr frühmorgens mußte ich ja zum Flieger. Aus Wut über diesen Vierstundenpreis hatte ich damals im Hilton alles mitgehen lassen, was nicht niet- und nagelfest war. Die Früchte meiner Wut hat seinerzeit der Grenzschutzbeamte am Flughafen Tempelhof nach einem Blick in meinen Koffer unter dem Gelächter der Mitreisenden mit den Worten kommentiert: "Gute Reise, Herr Hilton." Ich erzählte Bigalke die Geschichte, über die er erst herzlich lachte, dann aber erschrocken innehielt: "Hier nimmst du aber nichts mit. Wenn die nachforschen, das wäre ein zu großes Risiko." Langsam ging mir der Genosse mit seinem ewigen "Risiko" auf die Nerven. Ich nahm mir vor, auf jeden Fall eines der schönen großen Sheraton-Badehandtücher mitzunehmen.

"Klar doch, Klaus-Peter, nachher haben sie dich noch am Arsch." Dann kam Bigalke zur Sache.

Schöne Grüße vom Onkel, man habe da durch Zufall was ausgegraben. Aber vorher wolle er, Bigalke, doch mal wissen, wie ich denn jetzt, wo ich bei der SPD sei, noch Geschichten in Zeitungen oder Zeitschriften lancieren könne. "Na hör mal", empörte ich mich, "ich bin Chefredakteur unserer SPD-Mitgliederzeitung und der SPD-Wahlzeitung ZaS, außerdem käme ich über gewisse Drähte auch an einige Hamburger Redaktionen ran." "Genau", meinte mein Ost-CDU-Kollege, "Drähte sind gut. Direkt solltest du nicht in Erscheinung treten." Dann legte er mir ein Papier vor. Eigentlich war es eine Namensliste mit dazugehörigen Redaktionsadressen und Jahreszahlen. Es handelte sich offenbar um einen Auszug aus einem größeren Werk, denn die Blätter, die mir Bigalke "nur zum Draufgucken und Abschreiben" übergab, begannen bei Seitenzahl 4. Hinter einigen Namen waren Fragezeichen, hinter anderen Bereichsbezeichnungen, wie "militärisch" oder "Umfeld Landesregierung".

Das, so erklärte mir Bigalke, seien alles inoffizielle Mitarbeiter des BND, die vor allem im journalistischen Bereich eingesetzt seien. Ich war überrascht: Ein paar Namen kannte ich, selbst aus Kiel waren zwei dabei. Einer der genannten gehörte zum Umfeld des Gerhard Stoltenberg, der andere schrieb für eine große Heimatzeitung, beide galten eher als liberale Schwarze. Gut und schön, aber was sollte ich nun damit anfangen? Nun brachten die Genossen von drüben endlich mal was Konkretes und erstmals wurde mir klar, daß sie das nicht aus ihren Archiven haben konnten und daß es mir wenig nützen würde, wenn ich nicht Zusatzinformationen aus anderen Quellen dazu bekommen könnte.

"Wo habt ihr das eigentlich her?" Bigalke sagte nichts. "Ich meine, so was könnt ihr doch nur von eurem eigenen Geheimdienst haben und den kann ich als Quelle ja wohl schlecht angeben." Bigalke lachte und es hatte fast den Anschein, als lachte er mich aus. "Geheimdienst", machte er mir klar, "Mensch, Bernd, dein Onkel und der Rolf sitzen direkt beim Politbüro der SED, Abteilung Westdeutschland, die kriegen natürlich auch solche Papiere über ihren Tisch. Und was ist dabei, wenn es dir und der SPD in Schleswig-Holstein nützt?" Etwas ratlos zuckte ich die Schultern. Bigalke redete sich in Rage: "Natürlich sollst du nicht einfach ein paar Namen veröffentlichen und sagen, die und die arbeiten für den BND. Aber Kollegen spicken kannst du doch, hintenrum die beiden Typen verunsichern. Das nützt euch doch auch was. Und daß das stimmt, da kannst du dich drauf verlassen. Wahrscheinlich stammt das Papier von der Wolf-Truppe, aber du weißt ja, die verstehen ihr Handwerk." Und dann kam ihm eine Idee: "Habt ihr nicht so was wie ein staatlich abgesichertes Redaktionsgeheimnis? Da kannst du dir doch alles erlauben. Ich sage dir voraus, daß diese Liste demnächst im SPIEGEL stehen wird und bei dem Skandal spielen deine Kieler Kollegen fast keine Rolle, weil da viel prominentere Namen draufstehen. Wäre doch eine gute Gelegenheit, den Stoltenberg-Typ vorzuführen. Bringt dir bestimmt Punkte bei deinen Genossen." Bigalke redete wie ein Staubsaugervertreter.

So ganz unrecht hatte mein CDU-Freund aus Leipzig nicht. Vorher zu wissen, wenn schwarze Journalisten mit Nebenverdienst beim BND auffliegen, konnte schon von Vorteil sein. Das Problem für mich bestand aus zwei Teilen. Erstens würde, so exklusiv das Ganze auch angelegt war, eine solche Geschichte den Wahlkampf im Norden nur wenig tangieren und zweitens, die beiden Kollegen waren mir sympathisch. Die Vorstellung, sie zu denunzieren, noch dazu mit mir immer dubioser erscheinenden eigenen Ostkontakten, war mir vom Gefühl her zuwider. Das sagte ich dann Bigalke auch. Er war gar nicht überrascht.

"Dein Onkel hat dich schon richtig eingeschätzt. Der hat mal gesagt, du seist ein pazifistischer Träumer, alles soll gut werden, aber niemandem soll es weh tun. Ich sage dir, Bernd, solche Informationen nicht zu verwerten, das kannst du dir doch nur erlauben, weil dein Onkel immer die 'schützende Hand' über dich hält."

Diese Klassenkämpfer im Osten, dachte ich bei mir, glauben wahrscheinlich an eine gottähnliche Macht, wenn nur einer in der Nähe vom Politbüro sitzt. Und Onkel Günther mußte darin, darauf oder daneben sitzen, bei der Ehrfurcht, mit der alle Ost-Bekannten von ihm sprachen. Einerseits schmeichelte es mir, einen offensichtlich so mächtigen Onkel zu haben, andererseits wußte ich gar nichts von ihm und den wahren Machtstrukturen in der DDR. Klaus-Peter war da offenbar weiter. Im direkten Zusammenhang mit meinem Onkel sprach er plötzlich davon, daß er nun wohl auch Karriere machen werde, vom stellvertretenden Chefredakteur zum selben aufsteigen solle. "Dann können wir uns natürlich nicht mehr so frei treffen." Von "frei" konnte auch bisher schon nicht die Rede sein, gab ich zu bedenken. Im übrigen hätte ich Onkel Günther gerne mal selbst wieder getroffen, immerhin redeten alle von ihm, doch ich bekam ihn nie zu sehen. Klaus-Peter ging nicht darauf ein, meinte, ich solle mir die Daten von der Liste abschreiben und dann endlich Feierabend machen. Wir sollten im Tivoli essen gehen und anschließend das von ihm schon anvisierte Lokal aufsuchen, in dem es geradezu ein Kinderspiel sei, "mal so eine richtig propere Dänin" abzuschleppen.

Gegen 22 Uhr saßen wir beide in einem Glasverhau, sprich in einem dänischen Restaurant der teureren Klasse im Kopenhagener Tivoli. Klaus-Peter bestellte als Vorspeise Räucherlachs, eine kulinarische Angewohnheit, die ich später beim Stasi-Führungspersonal als gängiges Ritual erlebte. Da Bigalke zahlen wollte, bestellte ich Scampis in Knoblauchsoße und in Schale, was meinem DDR-Freund sichtlich Probleme bereitete. Denn ich aß die Scampis mit den Fingern, pulte sie ab, tunkte sie in die Knollenmajonaise, sorgte für eine ziemlich unordentliche Tischsituation, die den stellvertretenden CDU-Chefredakteur zu der besorgten Frage veranlaßte, ob diese Art zu Speisen wirklich westlichem Standard entspräche. Er hatte tatsächlich Bedenken, sich mit mir in diesem Lokal zu blamieren. Ich klärte ihn auf, sprach davon, daß auch Gunter Sachs gelegentlich mit den Fingern äße. Das beruhigte ihn.

Dann ging es endlich in das Tanzlokal, von dem Bigalke schon die ganze Zeit geschwärmt hatte. Nun hatte ich Gelegenheit, mir über den Geschmack meines Freundes Gedanken zu machen: Türsteher, viel roter Plüsch, Schummerlicht und eine Tanzkapelle auf der Bühne, die in Flitteranzügen mit Bärtchen und Fliege vor sich hin schmalzte, daß man schon davon Durst bekam.

Natürlich geleitete uns ein Oberkellner an einen Tisch, auf dem ein Lämpchen stand, dessen Schirm die Nummer 147 trug. Wir hatten auch ein Telefon im abgegriffenen roten Samtüberzug. "Und das Schönste", wandte sich Klaus-Peter zu mir, während er seinen Krawattenknoten gerade zog: "Hier ist jeder dritte Tanz Damenwahl." Zunächst ließen wir die Weingläser abräumen, bestellten Elefanten-Bier, jenes hochprozentige Starkbier, das ich sonst verabscheute, das hier aber gerade recht kam, denn dieses Ambiente konnte man auf Dauer wahrscheinlich nur im Suff ertragen.

Das Lokal war etwa dreiviertel gefüllt, nach meinem Eindruck mit einem klaren Frauenüberschuß. Allerdings waren die Damen im Schnitt rund zehn Jahre älter als wir, was Klaus-Peter zu der Bemerkung veranlaßte, seine Erfahrungen gingen dahin, daß Frauen über vierzig mit Abstand am besten vögeln könnten. Dann schlug er mir aufs Knie: "Und deshalb sind wir ja schließlich hier."

Als das Telefon surrte, forderte mich Bigalke auf, abzunehmen. Am anderen Ende quakte unverkennbar ein Mann auf dänisch. Ich legte auf. Es surrte wieder, doch Bigalke nahm nicht ab, statt dessen fragte er mich: "Mal ganz ehrlich Bernd, glaubst du, daß jemand an meiner Aussprache merkt, woher ich komme?" Er meinte es ernst, trotzdem mußte ich lachen. "Die Dänen merken es bestimmt nicht, und ich hätte auch meine Schwierigkeiten, zu sagen, ob du aus Thüringen oder aus Sachsen kommst." Die Auskunft beruhigte Klaus-Peter keineswegs. "Aber daß ich von der anderen Republik bin, das hört man raus?" Über solche Probleme hatte ich mir bisher keine Gedanken gemacht, fand sie in dieser Situation auch unangebracht.

Ein Tusch und dann die Aufforderung zur Damenwahl, dreisprachig. "Nun kannst du ja dein Weltniveau testen." Bigalke überhörte die Ironie: "Ganz schön fett die Däninnen, muß man sich schön trinken." Nicht, daß es im Westen keine Chauvis gäbe, aber mein DDR-Freund zelebrierte solche Herrenwitze mit einer Selbstverständlichkeit, die mich stärker am Sozialismus zweifeln ließen als Honecker-Reden. Zum ersten Mal fühlte ich mich bei meinen Ostkontakten unwohl. Nicht etwa, weil Ziel und Sinn unserer Zusammenkünfte mit der Dauer der Begegnungen immer dubioser erschienen, vielmehr, weil mir die Spießbürgerlichkeit des Kollegen Magendruck verursachte und meine Zweifel verstärkte, ob die angeblich gemeinsame Sache wirklich meine Sache war. Was war das überhaupt für eine Sache?

Da hielt mich ein DDR-Kollege aus, bezahlte meine Scampis und mein Hotelzimmer. Ein praktischer Wert für ihn, Onkel Günther und Rolf war eigentlich nicht zu erkennen. In letzter Zeit hatte Bigalke öfters von den Sozis gesprochen, mehrfach gefragt, was ich denn bei denen werden könne oder wolle, ob ich in Zukunft nur noch in Politik machen, den Journalismus sausen lassen wolle. Ich hatte ihm darauf nie eine klare Antwort geben können, einfach, weil ich sie selber nicht wußte.

Wir waren sitzen geblieben. Es sei noch nicht die Zeit für Damenwahl, meinte Bigalke, das würde nach Mitternacht anders. So kam er ins Reden. Zwei Töchter hatte er, eine Ehefrau und eine für besondere Fälle. Mit der Ehe sei eigentlich alles normal, viel zu normal, für seinen Geschmack. Er sei viel unterwegs, das mache Gelegenheiten und die liebe er. "Sag mal, dein Chef", unterbrach Bigalke den Ausflug ins Private, "der legt sich ja mit dem Schmidt ziemlich an. Ich meine bei Atomkraftwerken, findest du das gut? Ist der Jansen nicht ein bißchen weltfremd, das sieht doch wie Maschinenstürmerei aus."

Soviel wußte ich, daß im Osten noch viel bedenkenloser auf die Kernenergie gesetzt wurde als bei uns. Lohnte sich da Engagement? Doch das Elefanten-Bier wirkte, weckte die Lust der Überzeugungstäter am Überzeugen gerade in scheinbar aussichtslosen Fällen. "Du wirst lachen, aber der Günther Jansen wird recht behalten und den Helmut Schmidt politisch überleben. Weil er ehrlich ist und nicht so abgefuckt Politik macht wie die in Bonn. Noch sind es ein paar hunderttausend auf den Wiesen vor Brokdorf, aber du mußt dabei gewesen sein, wenn du wissen willst, was daraus wird. Ihr redet doch immer vom Volk und dessen wahrer Interessenvertretung." Bigalke reagierte fast erschrocken, auf den Ausbruch war er nicht vorbereitet: "Also, ich verstehe ja nichts davon, aber ihr doch wohl auch nicht, oder? Und was richtig oder falsch ist an der Sache, das wird nicht von ein paar Demonstranten entschieden. Außerdem gibt es doch wirklich Wichtigeres auf der Welt, worum man sich kümmern könnte." Dann verwies er auf Atomraketen, Atomtests und Bombenarsenale, gegen die Atomkraftwerke ja nun wirklich harmlos seien: "Dagegen müßt ihr Hunderttausende mobilisieren." Das klang zwar logisch, hatte aber einen entscheidenden Haken. "Sag mal, Klaus-Peter, wo sind denn eure Millionen, die gegen russische Atomwaffen demonstrieren? Wenn man euch so reden hört, müßte doch das Politbüro an der Spitze für eine atomwaffenfreie Zone in Europa demonstrieren, aber ich wette, so was dürftest du in deiner Zeitung nicht einmal in einem Kommentar schreiben." Bigalke war gar nicht empört, fast schulmeisterlich ging er auf den Vorwurf ein: "Du kannst doch nicht Äpfel mit Birnen vergleichen. Bei uns würden die Russen doch so was nicht zulassen. Da habt ihr es eben besser. Aber unsere Leute in Partei und Regierung sind natürlich genauso gegen russische Atomwaffen bei uns, wie eure Linke gegen amerikanische. Du kannst mir glauben, wenn es nach mir ginge, würde ich die Russen rausschmeißen. Wir haben doch viel mehr Gemeinsamkeiten mit euch als mit diesen Beton-Kommunisten." Dann schimpfte er noch eine Weile weiter auf die Russen, die seiner Meinung nach alle vernünftigen Entwicklungen in der DDR behinderten, die die Deutschen nur aussaugten und dafür auch noch gefeiert werden wollten. Am Ende brachte er sein politisches Nachtgebet auf den Nenner: Zuallererst seien wir ja wohl Deutsche und dann erst Sozialisten oder Kapitalisten. Deshalb müßten sich viel mehr solche Leute wie wir zusammentun, gegen Russen und Amerikaner gemeinsam arbeiten. "Ich sage dir, Bernd, das ist die wahre Front in der Zukunft."

Wenn mich auch militärische Ausdrücke und deutschnationale Bekenntnisse sonst eher abschreckten, eröffnete mir Bigalke mit seinem Appell ans gemeinsame Vaterland eine neue politische Sicht. Sollte es in der DDR neben der offiziellen moskautreuen Linie am Ende heimliche Kämpfer für die Wiedervereinigung geben?

Plötzlich stand eine hübsche Rothaarige vor unserem Tisch. Klaus-Peter warf mir einen triumphierenden Blick zu, strich sich das Haar glatt und knöpfte sein Jackett zu. "Bis bald, Kollege. Bestell noch mal 'ne Runde."

Bigalke war schon auf der Tanzfläche, als ich bemerkte, daß seine Überhangtasche von der Lehne gerutscht und auf die Erde gefallen war. Als ich sie aufhob, fielen ein paar Papiere auf den Boden. Darunter war ein grüner, bundesdeutscher Reisepass. Ich sah zur Tanzfläche. Bigalke war beschäftigt. Ich schlug den Paß auf. Er lautete auf den Namen Klaus-Peter Möller. Statt in Leipzig wohnte der DDR-Journalist in Böblingen, doch das gestempelte Bild von ihm war echt. Ich packte alles wieder ein, nahm meine Jacke und ging. Das mußte ich erst mal verdauen.

Ich lief durch die Straßen, fand noch eine Bierpinte und ließ mich an der Bar nieder. Der muß Agent sein, dachte ich. Und dann spielte ich alle Möglichkeiten durch. Was wäre, wenn Bigalke gar kein DDR-Mann ist. BND, CIA, englische und französische Geheimdienste kamen mir in den Sinn. Man las und hörte viel, warum sollten die nicht sogar in der DDR Inszenierungen veranstalten, um in die bundesdeutsche Linke hineinzuhören. Dann dachte ich an meinen Onkel, an Hans Eichhorn und daran, daß ich selbst schon eine "Neue Zeit" in

Leipzig gekauft hatte, in der Bigalke im Impressum aufgeführt war. Also doch DDR-Geheimdienst, oder russischer, was machte den Unterschied? Eins stand fest: Falsche Pässe gehörten nicht zu normalen Westkontakten von Ost-Journalisten. Dann wurde mir schlagartig klar, daß ich schon seit Jahren im Netz saß. Aber was wollten die eigentlich von mir? Bisher gab es weder Aufträge noch Andeutungen in diese Richtung. Langsam beruhigte ich mich. Was sollte mir passieren? Ich hatte gegen kein Gesetz verstoßen und die Brüder im Osten hatten mich noch nicht einmal aufgefordert, irgend etwas zu fotografieren, zu fotokopieren oder mitzubringen. Im Gegenteil, sie hatten bisher immer etwas mitgebracht, Stories über CDU-Politiker, deren journalistischer Wert im Westen gleich null, von mir auch noch in keinem einzigen Fall verwendet worden war.

Nach dem dritten Bier entschloß ich mich, mit Bigalke ein offenes Wort zu sprechen. Irgendwann würde er ja wohl im Sheraton wieder auftauchen. Ich zahlte und machte mich auf den Weg. Im Nobelhotel ließ ich mir meinen Schlüssel geben. Dann hatte ich eine Idee: "Sagen Sie mir, ist mein Kollege schon im Haus? Klaus-Peter Möller?" Der Mann hinter der Rezeption blätterte in seinen Karteikarten. "Sorry. He is not living here." Ich spielte mit meinem Schlüssel: "And Mr. Bigalke, another friend, can you look?" Auch der sei nicht Gast in diesem Hotel, sagte der Mann: "Sorry." Das gab es doch nicht oder sollte Bigalke mehrere Pässe haben? Ich fuhr nicht auf mein Zimmer, sondern in die Dach-Diskothek des Sheraton. Blaues Neon ließ alles Weiße leuchten. Wieder ging ich an die Bar. Zuerst sah ich die Rothaarige aus dem Puff-Lokal. Dann erschien ein strahlender und gutgelaunter Bigalke: "Mensch Bernd, du Idiot, warum haust du einfach ab? Miriam", und dabei zog er die Frau an sich, "hatte doch eine Freundin dabei, die dich unbedingt kennenlernen wollte." Dann flüsterte er mir zu: "Bin aus Hamburg. Wir beide sind beim STERN, klar?" Mir war trotz des Bierkonsums gar nicht nach solchen Scherzen zumute.

"Klar, beim STERN. Sonst noch was, Herr Möller?" Bigalke war nur einen Moment verunsichert, dann lachte er, drohte mit dem Finger: "Mein lieber Kollege. Wer anderen in der Tasche wühlt, ist selbst ein Schwein. Darüber reden wir noch. Aber keine Bange, so schlimm, wie du vielleicht denkst, ist das Ganze gar nicht." Dann ließ er mich einfach stehen, wandte sich wieder der Rothaarigen zu. Sie tanzten und ich dachte nach. Entweder war Bigalke ein ganz cooler Typ, dann wäre das eine von mir bisher nicht bemerkte Eigenschaft an ihm oder die Sache mit dem bundesdeutschen Pass fand eine Erklärung, auf die ich bisher noch nicht gekommen war. Inzwischen war es fast zwei Uhr nachts. Das Bier schmeckte nicht mehr.

Köln-Ossendorf im November 1991: Die Kaution ist hinterlegt. Ich bin entlassen. In der Hauptwache warte ich auf meinen Anwalt. Ich denke über Klaus-Peter Bigalke nach. Gestern in Karlsruhe hat der Ermittlungsrichter Teile seiner Aussage vorgelesen. Danach hatte er zugegeben, neben seinem Hauptberuf auch gelegentlich als Stasi-Mitarbeiter tätig gewesen zu sein. Er habe sich mehrmals mit mir treffen müssen, dabei aber den Auftrag gehabt, nicht zu erkennen zu geben, daß hinter jenen Treffs der DDR-Geheimdienst stand. Nach seinem, Bigalkes Eindruck, hätte ich, Michels, aber spätestens Ende der siebziger Jahre erkannt, daß es sich bei diesen Zusammenkünften nicht um normale journalistische Kontakte, sondern mehr oder weniger um konspirative Treffen gehandelt habe. Später habe er, Bigalke, den Eindruck gewonnen, daß ich seine Beteuerungen, seine Auftraggeber säßen in einer zivilen Abteilung des SED-Politbüros, pro forma akzeptiert, in Wahrheit aber gewußt hätte, daß ich es mit der Truppe von Mischa Wolf zu tun gehabt habe.

Damals in Kopenhagen, nach jener geschilderten Nacht, hatte mich Bigalke beim Frühstück entsprechend seiner MfS-Instruktionen tatsächlich beruhigt. Er erklärte, den falschen Paß mit anderen heiklen, allerdings keinesfalls geheimdienstlichen Missionen, die nichts mit mir zu tun hätten. Bigalke hatte recht: Ich habe genickt, aber geglaubt habe ich ihm nicht.

1979: Orden von der fremden Macht

Buß- und Bettag 1991 in Kiel: Ich bin wieder zu Hause, drei Tage später vom Urlaub in Florida zurück als geplant. Auf dem Tisch liegen die "Kieler Nachrichten" der letzten vier Tage. In jeder Ausgabe beherrsche ich die Schlagzeilen. Heute lautet sie: "Michels frei. Bundesanwalt befürchtet Flucht." Ich lese von guten Kollegen Gutes über mich und Spekulationen. "Nett" und "angenehm" sei ich gewesen, "guter Journalist", "liebenswerter Kollege", "radikaler Demokrat". Und dann: "Vielleicht ist der Schlüssel dieser Geschichte in Michels Spielleidenschaft zu suchen". In diese Richtung hatte die BILD-Zeitung spekuliert, so, als habe die Stasi mich als hochverschuldeten Spieler aufgegriffen und mich so für ihre Zwecke gefügig gemacht. Eine These, die nach Ablauf und Entwicklung der verdeckten Anwerbung falsch ist. Dies soll nicht heißen, daß es zwischen meiner Spielsucht und meiner Stasi-Verstrickung keinen Zusammenhang gäbe. Doch, wie meistens im Leben, ist es ein bißchen komplizierter als eine BILD-Geschichte.

Herbst 1978: Eine gute Zeit, jene Kopenhagener Erkenntnisse zu verdrängen, die mir seit Bigalkes halbgaren Erklärungen zu falschen Pässen in deutsch-deutschen Journalistenbeziehungen im Magen lagen. Ich war als Referent für Öffentlichkeitsarbeit und als persönlicher Referent des Landesvorsitzenden Günther Jansen vollbeschäftigt. Zu ihm hatte ich inzwischen ein persönliches Verhältnis entwickelt, das in Partei und Fraktion mit Skepsis verfolgt wurde. Jansens radikale Ablehnung der Kernenergie, seine volle Unterstützung für von mir entwickelte neue Elemente in der Partei- und Pressearbeit und unsere - in gemeinsam formulierten Reden - kritische Distanz zur Bundes-SPD und zu Helmut Schmidt, galten als unkalkulierbare Risiken der sozialdemokratischen Landespolitik. Diese war vor allem in der Landtagsfraktion darauf angelegt, Posten zu mehren, statt Positionen mehrheitsfähig zu machen. Da paßten Parolen und Programme gegen Atomkraftwerke, Extremistenerlaß und Schmidt'schen Pragmatismus nicht in die künstlich dargestellte Harmonie zwischen linkem Landesverband und starkem SPD-Gewerkschaftsflügel im Landesparlament. Daß ausgerechnet Günter Jansen, der bis dato eher der rechten kommunalpolitischen Mafia der Landes-SPD zugerechnet wurde, nun konfliktfreudig und konsequent gegen die SPD der Macher und Machtpolitiker zu Felde zog, nährte in Partei und Fraktion den Verdacht, der Landesvorsitzende sei unter dem schlechten Einfluß des ehemaligen KONKRET-Redakteurs Bernd Michels zum radikalen Linken mutiert: eine bösartige Unterstellung vor allem jener Genossen, die heute, 15 Jahre später in Amt und Würden, das Glaubwürdigkeits-Kapital des Günter Jansen mit Stolz und Pathos auch für sich selbst in Anspruch nehmen. Damals, 1978, hätten sie mich am liebsten gefeuert. Leider konnte man mir weder mangelnde Leistung, noch fehlenden Erfolg nachweisen, im Gegenteil. Die Hessen-SPD des Holger Börner holte mich als Wahlhelfer nach Frankfurt, die Bundesjusos liehen mich für ihre Kampagnen nach Bonn aus, vor dem Bezirk Südbayern durfte ich über erfolgreiche SPD-Öffentlichkeitsarbeit referieren. Und auch im Lande gab es Erfolge. So hatte ich Günter Jansen vorgeschlagen, neue Veranstaltungsformen der Partei zu organisieren, weg von dem traditionellen Referat, hin zur Mischform des politischen Talks. Kabarettisten, Liedermacher, Schriftsteller, die zu dem jeweiligen politischen Themen nicht nur ihre Kunst, sondern in der Diskussion mit Politikern auch ihre Gedanken darstellen konnten, wurden von mir nach Schleswig-Holstein eingeladen. Und das geschah nicht zu Wahlzeiten, wo der Mißbrauch prominenter Künstler für Posten und Prozente offenkundig gewesen wäre, sondern bewußt außerhalb der Wahlkämpfe.

Das Konzept ging auf. Vor allem, weil ich gute und populäre Künstler von dieser Art politischer Parteiveranstaltung überzeugen und nach Schleswig-Holstein holen konnte. Dietmar Schönherr, Günter Wallraff, Dieter Hildebrandt, Heinz-Rudolf Kunze, Udo Lindenberg, Alice Schwarzer, Ina Deter, Gerhard Polt, Knut Kiesewetter, Lisa Fitz, Klaus Staeck, Hans Scheibner und selbst rechte "Überzeugungstäter", wie den WELT-Kolumnisten Enno von Löwenstern oder Herbert Gruhl. Sie alle füllten selbst in Kleinstädten auf dem Lande die Hallen, sorgten da, wo Ortsvereine höchstens drei Dutzend Mitglieder in Parteiveranstaltungen locken konnten, für ein volles Haus. Und darauf kam es an, auf parteiübergreifendes Publikum.

In jenem Herbst 1978 schlug ich Günter Jansen vor, aus Anlaß des 60. Jahrestages des Kieler Matrosenaufstandes zum ersten Mal eine Großveranstaltung in der Ostseehalle zu organisieren. Jansen war skeptisch: "Das kann ein riesiger finanzieller Flop werden, das können wir aus den Haushaltsmitteln nicht rechtfertigen." "Dann müssen wir eben Eintritt nehmen", schlug ich vor. Der Parteivorstand schüttelte mehrheitlich den Kopf, SPD-Veranstaltungen für die die Leute noch Geld mitbringen mußten, das ging über die Vorstellungskraft der meisten Funktionäre. Günter Jansen gab mir dennoch grünes Licht: "Mit Bauchschmerzen." Mein Ehrgeiz sprengte den Rahmen landesüblicher Parteiarbeit. Eine Revue deutscher Geschichte wollte ich auf die Beine stellen, mit Zeitzeugen, Liedern, Kabarett und großer politischer Rede. Als Dieter Hildebrandt zusagte, war das schon die halbe Miete. Neben der damals populären Frauenband "Schneewittchen", Kiesewetter, Scheibner, Jochen Steffen und Hans Koschnick brauchte ich noch ein Zugpferd. Wie wäre es mit dem damals gerade ausgebürgerten Wolf Biermann?

In der Partei hielt man mich für verrückt. Erstens würde der überzeugte Kommunist Biermann mit Sicherheit nicht auf einer SPD-Veranstaltung auftreten und zweitens, so die radikalsten Formulierer von Parteitagsanträgen in Sachen Liberalität, sei der Liedermacher Biermann ja wohl ein zu großes Risiko für eine SPD-Veranstaltung. Nachher hieße es noch, die Sozialdemokraten gäben Kommunisten ein öffentliches Forum. Ja, so waren sie, die Genossen: immer auf die risikofreie Durchsetzung sozialdemokratischer Grundwerte bedacht. Zu allem Überfluß trat Jochen Steffen kurz vor der Veranstaltung aus der SPD aus und formulierte öffentliche Sympathie für die GRÜNEN. So drohte zum finanziellen Fiasko ein politisches Selbsttor für die "Notizen aus der Republik", wie die Veranstaltung inzwischen überall plakatiert worden war. Von der Veranstaltung wollte aber außer Günther Jansen kaum jemand in der Parteispitze etwas wissen.

Doch wenn schon ein Skandal, dann richtig, dachte ich mir und machte mich an einem schönen Septembernachmittag auf, Wolf Biermann davon zu überzeugen, daß die schleswig-holsteinischen Genossen geradezu darauf brannten, mit einem Kommunisten gemeinsam öffentlich aufzutreten. Seine Adresse hatte ich von unserem gemeinsamen Freund Günter Wallraff. Am Telefon hatte Biermann schon so gut wie abgesagt, war aber bereit, mich anzuhören. In der Hohenzollernallee in Hamburg-Othmarschen, in deren Villen man eher Kaffeehändler und Immobilienmakler vermutet, wohnte der Liedermacher bei seiner Mutter.

Der Empfang war kühl. Ich mußte Biermann erst einmal klarmachen, daß die Nordlicht-SPD ganz und gar nichts mit der Schmidt-Politik in Bonn gemein habe, daß es sich bei Schleswig-Holsteins Genossen eher um eine Vereinigung sozialistischer Glaubenskrieger handele, die sich in ihrem Kampf um die bürgerlichen Freiheiten von niemandem überbieten lassen würden. Der Barde hörte die Botschaft wohl, allein, ihm fehlte der linke Glaube. Jochen Steffen interessierte ihn: "Und den laßt ihr trotz Parteiaustritt auftreten?" Das Thema interessierte ihn auch: Matrosenaufstand in Kiel, die ersten Arbeiter- und Soldatenräte, dazu fiele ihm schon eine Menge ein. Er fragte, ob ich seine Lieder kennen würde, mir schon mal Gedanken über das gemacht hätte, was er denn so auf einer Veranstaltung vortragen könne? Denn, wenn wir glaubten, er würde für die SPD mit alten Stasi-Balladen den Anti-DDR-Akzent setzen, sozusagen als Alibi-Widerstands-Mensch auftreten, dann könnten wir das Ganze lassen. Immerhin, er spielte also mit dem Gedanken, doch erstmals auf einer SPD-Veranstaltung aufzutreten: "Hat ja seinen Reiz."

Dann kamen wir ins Plaudern. Ich erzählte ihm, daß ich seine Mutter vor ein paar Jahren kennengelernt hätte, als ich die Meinhof-Röhl-Kinder des öfteren zu ihr gebracht hätte, und daß sie bei mir einen sehr bürgerlich-strengen Eindruck hinterlassen habe, immer auf Ordnung und Sauberkeit bedacht, gar nicht, wie man sich überzeugte Kommunistinnen vorstellt. Wolf Biermann lachte: "Wie stellst du dir denn Kommunisten vor?" Mir fielen die Rostocker Spießbürger-Erlebnisse ein und Bigalke. Ich erzählte Biermann von diesen DDR-Erfahrungen. Er wurde böse. Also seine Emma ließe er nur ungern mit den Bonzen im Arbeiter- und Bauernstaat vergleichen. Er dachte, ich hätte seine Lieder und Gedichte gekannt, denn ich müßte doch wissen, daß DDR und Kommunismus zwei völlig verschiedene Welten seien. Und dann erzählte Biermann von seinen Erfahrungen mit West-Journalisten zu jener Zeit, als er in der Ostberliner Chausseestraße wohnte, und von jener westlichen Unbedarftheit und Überheblichkeit, die er fast noch schlimmer empfände als die armen Stasi-Schweine.

Plötzlich wurde mir bewußt, daß eine solche Beschreibung auch auf mich zutreffen konnte. Hier saß ich als überzeugter Biermannbewunderer, gerade weil dieser Mann gegen den Strom der Deutschen in beiden Republiken anruderte, und was machte ich selbst? Ich suchte Kompromisse in beiden Lagern, war mit jedermann Gutfreund, hatte mich am Ende vielleicht mit den Häschern eingelassen, die dem Liedermacher Wanzen unters Bett geklebt hatten. Sie waren also nur zu berechtigt, die Skepsis und das Mißtrauen, mit denen Biermann dem Westen im allgemeinen und den bundesdeutschen Journalisten im besonderen begegnete. Naivität schützt nicht vor Strafe. Meine widersprüchliche Kumpanei mit seltsamen DDR-Freunden verursachte nicht nur schlechtes Gewissen, sondern auch Magenbeschwerden. Wie konnte man da guten Gewissens mit Wolf Biermann Kaffee trinken, die gemeinsame Sicht der deutschen Dinge austauschen und fröhlich Hände schüttelnd sich verabreden. Genau das aber geschah: Biermann sagte zu.

Stolz darauf, den prominenten Dissidenten zum ersten SPD-Auftritt überredet zu haben, glücklich, die Genossen wieder einmal zu ein bißchen mehr Toleranz und Liberalität in die Pflicht zu nehmen, stieg ich in der Hohenzollernallee ins Auto. Wolf Biermann winkte freundlich hinterher. Doch statt auf die Autobahn Richtung Kiel fuhr ich in Richtung Innenstadt. An der Alster lagen die Leute in den Grünanlagen. Es war kurz nach sechs Uhr an diesem Septemberabend, ein Wetter für ein Bier im Freien, für das Erleben farbiger Blätter im Herbst, für Träume oder für einen Flirt. Ich aber ging ins Spielkasino.

Allein schon, wenn man das Foyer des "Interconti" betrat, war man in einer anderen Welt. Hoch, in den 9. Stock, wo sich die Pendeltüren zu einem Spiel öffneten, dem ich in den letzten Wochen mehr und mehr erlag. Grüne Filztische mit Kartensymbolen, das surrende Geräusch der rotierenden Kugel, die sich "klack-klack-klick" auf den letzten Zentimetern bizarre Wege zur Zahl suchte, auf die man meistens nicht gesetzt hatte.

Nie vorher hatte ich eine Beziehung zum Glücksspiel gehabt. Vor zwei Jahren, 1976, hatte ich auf einer Fähre von Göteborg nach Kiel zum erstenmal einen Roulett-Kessel gesehen, nun setzte ich kurz vor Mitternacht die letzten 50 Schwedenkronen auf ein paar Zahlen, nachdem ich lange zugesehen hatte, eher, um mir das lästige Umtauschen des Kleingeldes am anderen Morgen zu ersparen. Einer der 10-Kronen-Chips aber traf. Die Nummer 14 brachte mir 300 Schwedenkronen ein. An der Bar tauschte ich die gewonnenen Chips um, bestellte ein Bier, nun lohnte der Umtausch. Ich wollte gerade gehen, da brachte mir ein Uniformierter eine weitere Handvoll Chips an die Bar. Die "14" war noch zweimal gekommen. Daß ich noch mitspielte, der Siegerchip immer liegen blieb, wußte ich damals noch nicht. So bekam ich noch einmal 700 Kronen, hatte ohne Arbeit und im Vorbeigehen die ganze Reise wieder raus.

Kein Grund, zum Spieler zu werden. Und tatsächlich hätte ich auch jeden Menschen bedauert, der bei Verstand sein Heil in Spielkasinos suchte. Ich tat das nicht, wußte man doch vom Anfängerglück und der Versuchung, die sich daraus ergab. Das zweite Mal war es 1976 oder 1977 wieder zufällig. Die Eröffnung der Hamburger Spielbank im Hotel "Intercontinental" war für meinen Freund Jürgen Beier und mich zunächst nur eine Gelegenheit, sich schadlos am kalten Büffett zu laben. Als Premierengäste hatten wir sogar umsonst Chips bekommen, doch ich blieb länger als mein Freund, wechselte einen 300-Mark-Euroscheck und gewann 7000 Mark.

Dies war immer noch kein Grund, regelmäßig Spielkasinos aufzusuchen, wenn auch sicher eine größere Versuchung. Bisher hatte ich das im Griff gehabt. 300 Mark waren das Maximum, das ich bei einem Kasino-Besuch verspielen wollte. Rund dreißig Mal hätte ich das praktizieren können, ohne in die Miesen zu geraten, so meine naive Rechnung. Doch an diesem Abend hielt ich mich nicht an die guten Vorsätze. Vor meinen Augen erschienen eine volle Ostseehalle in Kiel, begeisterte Kritiken für eine Parteiveranstaltung der SPD, d.h. Erfolg trotz Widerständen auf der ganzen Linie. Klar, daß auch die Zahlen kommen mußten auf die ich setzte. Die "14", die "19", die "27" und die "4", meine Zahlen. Ich setzte immer auf höchstes Risiko, gab es doch darauf das 35fache des Einsatzes. Darunter war es mir zu kleinkariert. Doch was tun, wenn die Zahlen einfach nicht kommen. Sie müssen, also noch ein Euroscheck und noch einer, nichts einfacher, als gegen Unterschrift neue Chips.

Ja, sie sind mir aufgefallen: jene Männer und Frauen mit dem abwesenden Blick, der schweißtriefenden Stirn und den fahrigen Fingern. Spieler. Augen, die für den Lauf der Kugel im Roulettbecken programmiert sind, alles in der direkten Umgebung übersehen würden, Ohren, die dem Geräusch der laufenden Kugel folgend, selbst Schreie überhören würden. Gefühle ausschalten heißt das Spiel, nie wäre ich auf die Idee gekommen, ich könnte ihm unterliegen.

An jenem Abend sah ich einen Mann aus dem Nahen Osten im weißen Kittel. Aus seiner Brusttasche holte er immer neue Bündel von 1000-Mark-Scheinen. Er spielte ausschließlich mit 100-Mark-Chips. Damit baute er Burgen um die Zahl "14", viel zu viel Einsatz nach den Regeln der Hamburger Spielbank. Mit jedem Verlust baute er die Burgen um die "14" höher. Fast alle Gäste hatten aufgehört zu spielen, sahen nur noch zu. Der Chef der Spielbank kam an den Tisch, hob für den Ölprinzen aus dem Morgenland das Limit auf. Ich hatte für mich mitgezählt: Er mußte schon um die hunderttausend Mark verloren haben, als die "14" wirklich kam. 225.000 Mark wurden dem Mann ausgezahlt und er hörte auf. Das brachte mich in die Realität zurück. Das Kapital siegt, selbst in der Hamburger Spielbank. Du armes Schwein bist der, der dem Ölprinzen durch deine Verluste noch den Profit besorgt. Und selbst, wenn er verloren hätte, hätte er mehr Bares als ich.

Warum also spielen und sich auf Regeln einlassen, bei denen man mit klarem Verstand nur verlieren kann? Vielleicht, weil diese Regeln klarer und unbestechlicher Erfolg und Mißerfolg bekunden als das widersprüchliche Engagement in der Partei, im Beruf, in der Familie, im Freundes- und Bekanntenkreis. Steckt die Sehnsucht dahinter, mit einem Schlag reich und unabhängig zu sein, keine Kompromisse mehr machen zu müssen? Deshalb spielt man Lotto. Aber Roulett in der Spielbank ist eine Droge, die Menschen verändert. Man geht mit klarem Kopf hinein, kennt die Gewinnchancen, kalkuliert das Risiko, setzt sich ein Limit. Dann beginnt das Spiel, "die Zahl" kommt, ein Hochgefühl stellt sich ein. Unmerklich verlieren die Chips den realen Geldgegenwert, werden zu bunten Plastik-Haufen, die man nicht mehr zählt, sondern der Kugel opfert. Kaum ein Abend, an dem man nicht zunächst gewinnt, vorne liegt. Noch nimmt man die Umgebung wahr, unterscheidet zwischen den gelangweilten reichen, herausgeputzten älteren Damen, den Touristen und den System-Spielern. Doch je länger der Abend wird, je mehr "Hochs" und "Tiefs" man erlebt hat, um so einsamer wird der Spieler. Schon gibt es nur noch "die Zahlen", läuft die Kugel ausschließlich für oder gegen mich. Der Verlust an Realität ist vollkommen. Er betrifft nicht nur die direkte Umgebung, sondern auch Familie, Beruf, Gestern, Morgen. Alles taucht weg in dieser gedämpften Atmosphäre, wo Licht nur auf den Roulettkessel strahlt, Stimmen niemals die Kugel übertönen, Freude und Leid leise und möglichst unerkannt nach innen gekehrt werden. So fühlen sich vielleicht Stierkämpfer in der Arena. Allein mit der Herausforderung, mutig und ängstlich zugleich, auf den Moment konzentriert, stark, wenn der Chip traf, nachsetzend, maßlos bis zum Untergang. Spieler, so habe ich einmal gelesen, wollen am Ende verlieren, sich selbst bestrafen: Den meisten gelingt es. "19-Rouge-Impair." Mit einem "Loui" war ich dabei, 700 Mark, der erste größere Gewinn dieses Abends. Im Herbst 1978 hielten sich meine Verluste noch in Grenzen, doch ab diesem Zeitpunkt wurden meine Kasinobesuche zur Gewohnheit.

17. November 1978, Kieler Ostseehalle: Am Nachmittag war Dieter Hildebrandt gekommen, wollte gleich wieder umkehren. In einer so großen Halle sei Kabarett nicht möglich. Was ich mir dabei gedacht hätte, so was gäbe doch keine Atmosphäre: "Der Saal wird doch höchstens halbvoll." Das wären dann 3000 Besucher. Ich sagte Hildebrandt und den anderen Künstlern nicht, daß ich froh wäre, wenn so viele kämen. Wolf Biermann stritt noch um die Reihenfolge des Auftretens, setzte sich dann zu Jochen Steffen. Atomkritiker Robert Jungk und Hans Koschnick wollten sich dazu setzen. Der stellvertretende SPD-Bundesvorsitzende fragte, ob man hier am Sozialistenstammtisch richtig sei. "Wir schon", meinte Biermann und nahm seine Gitarre beiseite, um Platz zu schaffen. "Da bin ich aber mal gespannt", wandte sich Koschnick an mich, "ob so was ankommt." Ohne Wahlkampf-Mobilisierung, bei so einem eher unpopulären Thema wie der deutschen Revolution mit so einem bunten Haufen, wie wir das hier seien: "Na dann Prost."

Dann fragte einer, ob Biermann sich inzwischen hier eingelebt hätte. Der Liedermacher: "Meinst du das so, wie wenn man eine neue Wohnung bezieht?" Er fühle sich hier und heute verdammt unwohl, weil er nicht wisse, ob es richtig sei, bei der SPD aufzutreten und überhaupt in diesem Land, mit dem er mindestens so schlecht zurechtkomme wie mit dem Bonzenstaat von Moskaus Gnaden. "Ich habe gehört, du willst nach Frankreich auswandern", fragte Jochen Steffen. Biermann griente, griff nach seiner Gitarre, als wolle er sich an ihr festhalten, spielte ein paar Akkorde: "Auswandern, Genosse Steffen, wir können doch nicht auswandern, wir bleiben doch immer so deutsch, wie wir denken." Ausprobieren wollte er es vielleicht, Paris, Rom, wer weiß: "Denk an den alten Heine, dann bist du auch tagsüber um den Schlaf gebracht."

Dann wandte sich Biermann wieder praktischeren Problemen zu: "Also Michels, so spät im Programm will ich nicht auftreten. Da pennen die doch alle schon." Ich trommelte die übrigen Beteiligten zusammen, besprach mit allen den Programmablauf und siehe da, sie waren alle Profis. Am Ende des ersten Drittels eines Abendprogrammes, so lernte ich, sind die Voraussetzungen für einen applausträchtigen Auftritt am günstigsten. Leider mußte ich als erster auf die Bühne, wenn auch nur als Ansager.

Auch das ist wie eine Droge. Ich hatte so etwas noch nie getan, zitterte am ganzen Körper, als die Lichter in der Ostseehalle ausgingen, Tiefstrahler auf mich gerichtet waren, das Mikrophon als Anker zum Festhalten diente, meine Stimme wie von einem anderen Stern zu mir zurückkam. Ich redete gegen eine dunkle Wand: "... wollen wir zugleich ein paar Schlaglichter auf jenen deutschen Ungeist werfen, der sich vom Kieler Matrosenaufstand über alle Revolutionen und Diktaturen bis in die zweite deutsche Republik des Jahres 1978 hinübergerettet hat. Duckmäusertum, Intoleranz und nationale Überheblichkeit ..."

Als an dieser Stelle erstmals zaghafter Beifall aufkam, wurde meine Stimme fester: "Aus der Überzeugung, daß der unbestritten freiheitlichste Staat auf deutschem Boden noch lange nicht den Idealen der Aufständischen von 1918 - und übrigens auch nicht denen des Grundgesetzes in seiner konkreten Verfassungswirklichkeit entspricht -, haben wir bewußt jene Künstler zu unserem SPD-Fest eingeladen, die nicht nur von der CDU und der konservativen Presse, sondern zuweilen leider auch von eigenen Zeitgenossen mit dem Prädikat "vaterlandslose Gesellen" dekoriert werden, heißen wir sie willkommen."

Ein Beifallssturm brach los. Ich war glücklich. Nicht nur, weil ich meinen Auftritt überstanden hatte, sondern auch, weil die Ostseehalle mit 6000 Zuschauern gefüllt war. Ich hatte recht behalten. Morgen würden jene Genossen, die auf ein Fiasko gesetzt, schon die Entlassungsforderung für mich an Günther Jansen vorformuliert hatten, die ganze Sache als ihren Erfolg verbuchen. Sie würden die einhellig positive Fernseh-, Rundfunk- und Zeitungsberichterstattung über diese Veranstaltung als taktische Meisterleistung eines weisen Vorstandes bewerten und ansonsten verkünden, was für eine mutige und liberale Bande sie doch alle zusammen seien. Und so geschah es. Bis heute verkünden jene in Amt und Würden, die damals keinen Pfifferling auf diese und andere ähnliche Veranstaltungsprojekte gesetzt hatten, die besondere positive Beziehung der SPD Schleswig-Holstein zur Kultur und gerade zu jenen Kulturschaffenden, die unbequem und kritisch mit der SPD umsprangen. Zur politischen Kultur gehört wohl auch, daß jene, die heute von der Arbeit und dem Engagement eines Werner Boldt und eines Hilmar Zschach, den Mitarbeitern in der Landesparteizentrale, der Landtagsfraktion und eines Bernd Michels profitieren, sich mindestens daran erinnern, daß diese glorreiche Tradition nicht unbedingt mit ihnen, sondern viel zu häufig gegen ihre taktischen und machtstrategischen Überlegungen durchgesetzt worden sind.

Und das als Anmerkung: Niemals wieder in den vergangenen vierzehn Jahren hat die SPD, weder mit Schmidt, noch mit Brandt, Vogel, Lafontaine oder Björn Engholm, trotz professionellem Rock-Musik-Beiwerks, die Kieler Ostseehalle mit soviel begeisterten Zuschauern füllen können wie damals. Dabei hat die Partei bis zur Bundesebene die von mir in Schleswig-Holstein entwickelte Veranstaltungsform schnell übernommen. Doch das Motto Kultur statt Kundgebung verkam immer mehr zur gestylten Show. Sie wurden für teures Geld konzeptioniert und durch Werbeagenturen organisiert, die den Politiker einpaßten und zwischen Wohlklängen platte Wahlkampf-Nummern plazierten, wie zuletzt bei Oskar Lafontaine. Vor allem scheute die Partei das Risiko, kritisches Engagement auch auf eigene Schwächen loszulassen, zu Beginn einer Veranstaltung nicht zu wissen, wie sie verlief und was am Ende dabei herauskam. Vielleicht gibt es heute zu viele Manager und zu wenige Spieler in der Parteiarbeit.

Der Erfolg der "Notizen aus der Republik", die Vorbereitungen für den Landtagswahlkampf im Frühjahr 1979, in dem ich wieder einmal die Chefredaktion der "Zeitung am Sonntag" übernahm, und die schärfer werdenden innerparteilichen Auseinandersetzungen um Kernenergie und Nato-Nachrüstung ließen mich Bigalke und seine Freunde in der DDR fast vergessen. Ein dreiviertel Jahr hatte ich nichts von ihnen gehört, als im Mai 1979 mein Telefon in der SPD-Zentrale klingelte. Meine Sekretärin stellte mir einen Herrn Peters durch, der schon ein paar mal angerufen hätte. Es war Bigalke. "Ich habe ein neues Manuskript für dich. Wann können wir uns treffen?" Ich bekam einen Schreck, das klang ganz nah: "Bist du in Kiel, das hört sich fast so an?" Bigalke ging auf die Frage nicht ein. Ohne den Ort zu nennen, schlug er vor, sich in der Kneipe zu treffen, wo wir uns das letzte Mal auch getroffen hätten: "Die zapfen doch das beste Bier. Könntest du Freitagabend?"

Ich hatte weder Interesse, noch Lust auf weitere Treffs, schob dringende Termine vor und bat ihn, später anzurufen. Dann legte ich auf. Danach dachte ich eigentlich zum ersten Mal darüber nach, wie ich mich weiter verhalten sollte. Sollte es etwa so sein, daß hinter den ganzen Kontakten eine geheime DDR-Institution stand, z.B. eine Politbüro-Einheit oder gar der Geheimdienst des Mischa Wolf?

Ein paar Tage später saß ich mit einer guten Freundin beim Bier. Sie war im Staatsdienst und erzählte mir von einer Sicherheitsüberprüfung, der sie sich gerade hätte unterziehen müssen.

Dann regte sie sich darüber auf, daß sie DDR-Reisen anmelden müsse, alle Verwandten in der DDR mit Namen und Adresse hätte aufführen müssen und "ähnlichen Firlefanz mehr". Sie meinte, daß sie gar nicht daran denken würde, jede Verwandtenreise ihrem Amt zu melden, das sei ja lächerlich. Ich fragte sie, was sie denn tun würde, wenn sie in der DDR offensichtlich vom Geheimdienst angesprochen werden würde. Sie lachte, das könne sie sich beim besten Willen nicht vorstellen, bei ihr sei doch nichts zu holen. Ein paar Bier später erzählte ich ihr von meinem Onkel, von dessen Kollegen Rolf und von Bigalke, ließ auch den falschen Paß in Kopenhagen nicht aus. Sie empfand das Ganze als nicht so schlimm: "Bis jetzt haben sie doch gar nichts von dir gewollt und wenn du den Verdacht hast, dann würde ich das denen einfach sagen und sie auffordern, daß sie dich in Ruhe lassen sollen: Fertig ist die Kiste."

Sie kannte Günther Jansen, riet mir aber, ihm nichts davon zu erzählen: "So wie ich es einschätze, rät er dir, zum Verfassungsschutz zu gehen oder er deckt dich, dann ist er Mitwisser und wenn mal etwas auffliegt, dann ist er mit dran."

Ähnliche Gedanken hatte ich mir auch schon gemacht. Der Günther mußte aus dieser Geschichte draußen bleiben. Sie hatte ohne ihn angefangen und ich würde sie ohne ihn zu Ende führen, alles andere war abenteuerlich. Sowohl die Vorstellung, daß wir beide als heimliche Mitwisser oder gar Mitarbeiter des Verfassungsschutzes des Herrn Innenministers Barschel agierten, als auch die von Günther als heimlichem Mitwisser und Dulder obskurer Ostkontakte, von denen er selbst als Juso, wie ich wußte, nicht verschont geblieben war, war fragwürdig. Dazu kam, daß Barschel, der uns wegen Anti-Atom-Brokdorf-Demonstrationen im Visier hatte, unsere Nummer auch politisch instrumentalisieren könnte. Also hoffen, daß das Telefon so schnell nicht wieder klingelt. Doch es klingelte.

Juli 1979: Die "Finnjet" lief bei strahlendem Sonnenschein in die Bucht vor Helsinki. Hier, so hatte mir Bigalke ausrichten lassen, sollte ich meinen Onkel wieder treffen, der wolle die Sache jetzt selbst in die Hand nehmen. Ich hatte mich auf diesen Treff in der Hoffnung eingelassen, daß Onkel Günther, vor dem ja alle soviel Respekt hatten, der richtige Gesprächspartner wäre, um die Sache auch von mir aus ein für allemal zu klären.

Als Treffpunkt war ein Nobelhotel etwas außerhalb der City ausgemacht. Für mich sollte dort ein Zimmer gebucht worden sein. Man würde sich melden. Ich genoß die Reise und Helsinki. Den ganzen Tag nach meiner Ankunft passierte nichts. Ich schlenderte in den Parks neben dem Hotel, sah mir das moderne Kongreßzentrum an, in dem später Honecker und Schmidt auf der KSZE-Konferenz nebeneinander saßen. Mein deutsch-deutsches Treffen sollte sich verspäten und ganz anders verlaufen, als ich mir das vorgestellt hatte. Im Juli bleibt es in Helsinki fast die ganze Nacht über taghell. In meinem Hotelzimmer befand sich deshalb ein schwerer Vorhang, den ich kurz vor Mitternacht zuzog, um mich schlafen zu legen. Als ich endlich, schon bierschwer ins Bett gefallen war, ging das Zimmertelefon. Eine mir unbekannte Stimme entschuldigte sich für den späten Anruf, duzte mich und bat mich trotz der späten Stunde in eine Diskothek, die sich im

Keller des Nachbarhotels befinden würde. Ich duschte mich frisch, zog mich an und machte mich auf den Weg.

Es war eine Riesen-Edel-Disko: 50 Finnmark-Eintritts-Verzehrbon. Der Riesenkeller wurde von einer Art dunkelblauem Himmel überspannt, an dem Sterne glitzerten, Neonwerfer unwirkliches Licht verbreiteten. Ich suchte die Bar und bestellte einen Espresso. Plötzlich stand ein etwa dreißigjähriger blonder Mann neben mir: "Gut, daß du gekommen bist. Ich bin der Jürgen." Etwas irritiert gab ich ihm die Hand, fragte, wo mein Onkel sei. Er antwortete nicht, zog mich mit sich. Im hinteren Teil der Disko sah ich Rolf mit einem weiteren Mann, der aber keinerlei Ähnlichkeit mit Onkel Günther hatte, an einem Tisch sitzen. "Setz dich doch erst mal." Rolf nahm die Gesprächsführung an sich. "Entschuldige, daß es so spät geworden ist, aber wir hatten Probleme beim Herflug, und schöne Grüße vom Günther, er mußte überraschend ins Ausland." Und dann, auf meinen fragenden Blick: "Aber wir sind ja da." Mir fiel im Augenblick nichts ein, also setzte ich mich dazu. Der dritte Mann neben Rolf gab mir die Hand: "Fischer, Wolfgang."

Es war tatsächlich sein richtiger Name, aber das sollte ich erst später mitbekommen. Auch Jürgen hieß wirklich Jürgen, wie Rolf Rolf war und an diesem Abend auch ansonsten alles seine Ordnung und Richtigkeit hatte. Man wollte sich nämlich nur kennenlernen und weiter nichts, als ein Bier miteinander trinken. Morgen könne man alles bereden. Rolf: "Der Klaus-Peter", damit meinte er Bigalke, "hat uns von deinen Sorgen berichtet. Du kannst beruhigt sein, wir machen keine James-Bond-Spiele, wir wollen politisch zusammenarbeiten. Das ist doch auch in deinem Sinn. Der Jürgen ist übrigens ein neuer Mitarbeiter bei uns, der schon ganz heiß darauf ist, dich persönlich kennenzulernen." "Und der da?" Ich wies auf Wolfgang Fischer. Rolf stieß ihn an: "Du solltest dich einmal näher vorstellen." Fischer setzte sich zu mir.

Er sei vom nationalen Friedensrat der DDR, Lehrbeauftragter der Uni in Leipzig im Hauptberuf. Er habe schon ein paar Leute kennengelernt, die gute gemeinsame Bekannte von uns seien. Wolfgang Roth zum Beispiel, und ein paar andere aus dem Juso-Bundesvorstand. Rolf und mein Onkel, der ja nun leider nicht dabei sein könnte, hätten gemeint, daß wir in Zukunft gut zusammenarbeiten könnten, schließlich hätten wir ja gemeinsame Ziele.

Soweit konnte ich trotz fortgeschrittener Stunde und Biernebel noch denken: Entweder war das Ganze ein abgekartetes Spiel, oder Onkel Günther war tatsächlich gegen seinen Willen verhindert, hatte mir hier als Ersatz gleich eine ganze Delegation geschickt. Mächtig genug mußte er in der DDR ja sein. Wieviel Urlaub ich hätte, fragte Rolf, denn morgen wolle man einen Ausflug unternehmen, heute solle man die Politik lassen, lieber noch gemeinsam ein paar Runden trinken. Nein, sie wohnten in einem anderen Hotel, nicht hier, gegen zehn Uhr wollten sie mich abholen.

Es war schon vier Uhr morgens, als ich endlich ins Bett kam, beileibe nicht nüchtern, schon gar nicht fähig, die Situation jetzt zu analysieren. Alle drei waren mir nicht unsympathisch. Ich konnte mir kaum vorstellen, daß das Abgesandte eines Geheimdienstes sein sollten, die mich vielleicht unter Druck setzen wollten oder denen man nicht gefahrlos widersprechen konnte. Nun gut, was ich Onkel Günther gesagt haben würde, das konnte ich auch den Dreien mitteilen. Auf der anderen Seite, wenn das alles inszeniert worden war, um mich einzufangen, dann mußte ich ja eine ziemlich wichtige Person sein. Was hatten die mit mir vor, einem SPD-Sprecher aus der Provinz?

Es war eine schwere Limousine mit Fahrer. Bis heute weiß ich nicht, ob das ein ganz normaler Mietwagen war oder ob der Fahrer zur "Mannschaft" gehörte. Wir fuhren durch die Außenbezirke von Helsinki. Mir war mulmig. Nur Jürgen und Wolfgang waren mitgekommen. Rolf, so hieß es, käme nach. Was, wenn man mich hier verschleppt, in irgendeinem Keller bearbeitet? Vorsichtig fragte ich an: "Wo soll es eigentlich hingehen?" Jürgen: "Laß dich überraschen."

Die Fahrt endete in einer Ferien- und Sportanlage rund dreißig Kilometer außerhalb Helsinkis. Der Fahrer verabschiedete sich, wurde von Jürgen für den Spätnachmittag bestellt. Wir gingen in ein Café, bestellten Eis. Die Freundlichkeit und Sympathie der beiden für mich erschienen mir echt. Auf Fragen aber verwiesen sie auf Rolf, der später alles besser erklären könne als sie selbst: "Wir wollen uns hier eigentlich nur erholen, sind froh, mal aus dem Büro herausgekommen zu sein. Spielst du eigentlich Tischtennis?" Da reichte es mir: "Ich weiß ja nicht, für wie blöde ihr mich haltet, ich habe auch gar nichts gegen euch, aber zum Tischtennisspielen habt ihr mich bestimmt nicht nach Helsinki beordert. Was habt ihr vor?"

Die beiden sahen sich an, dann beugte sich Jürgen zu mir, flüsterte: "Nicht so laut, man weiß doch nie, wer zuhört. Laß uns einen Spaziergang machen." Wir zahlten und brachen auf.

Als wir den Wald erreicht hatten, begann Jürgen langsam und umständlich mit einer Erklärung, deren Logik und Glaubwürdigkeit mich damals auch deshalb beruhigten, weil ich im Wald vor Helsinki beruhigt werden wollte. Danach sollte ich mir die Geheimdienstnummer ein für allemal abschminken, mit diesem Laden hätten sie ja nun wirklich nichts zu tun und wollten damit auch nichts zu tun haben. Aber, ob ich mir nicht vorstellen könnte, daß es in der SED neben den Betonköpfen auch Leute gäbe, die über die Tage der Entspannungspolitik hinaus dächten, die linke Bündnisse über die Blöcke hinweg für eine Zeit ins Auge faßten, in der so was wie der Prager Frühling wirklich machbar sei.

Wolfgang unterstützte Jürgen: "Ich kann dir meine Adresse und meine Telefonnummer in Leipzig geben, da kannst du mich gerne mal besuchen, auch unangemeldet, damit du siehst, daß ich wirklich an der Uni arbeite. Aber sieh mal, ich habe schon Juso-Kongresse besucht, da hätten wir uns schon längst über den Weg laufen können. Ich habe gemeinsame Seminare mit Schweden, Dänen, Franzosen und Westdeutschen über die internationale Jugendorganisation "YUSI" gemacht, einzig und allein im Sinne der Friedenspolitik, denn wer miteinander redet, der schießt nicht. Du bist ja schließlich nicht der einzige, der mit unserem Laden zusammenarbeitet."

Das interessierte mich. "Wer noch?" Fast gequält druckste Jürgen, das sei ja das Problem, sowohl bei sich als auch bei uns wäre man ja leider immer noch auf Konspiration angewiesen, schließlich sähe man es hüben wie drüben nicht gerne, wenn Linke über die Grenzen zusammenarbeiteten. Sie müßten sich vor der Stasi genauso in acht nehmen wie ich vor dem Verfassungsschutz. Immerhin gäbe es bei ihnen einflußreiche Leute im Politbüro wie bei der Stasi, die sie unterstützten. Mein Onkel sei so einer. Rolf sei immerhin Abteilungsleiter, aber wir haben Freunde bis in die Staatsführung, "darauf kannst du dich verlassen."

Jürgen lachte wieder, fühlte sich sicher: "Das macht doch nicht nur Sinn, sondern auch Spaß, so ein bißchen vorwärts zu denken, ein paar Möglichkeiten wahrzunehmen, Politik eventuell mitzugestalten. Das ist doch keine Spionage, oder haben wir von dir jemals was in dieser Art verlangt?" Sie quatschten mich tatsächlich zu. Langsam fing ich an, die Geschichte glauben zu wollen. Mir fiel Bigalkes seltsames Bekenntnis zur deutschen Einheit ein. Sollte es da drüben eine Bewegung bis in den Staatsapparat hinein geben, die uns bisher verborgen geblieben war? Dann setzte Jürgen noch einen drauf: "Was glaubst du wohl, wie die bisherigen Erfolge in der Entspannungspolitik zustande gekommen sind? Brandt in Erfurt, Zeitungsaustausch und so. Da haben Leute wie du und wir dran gedreht. Und du kannst mir glauben, das ist nicht immer einfach. Was meinst du, wie mißtrauisch viele Genossen bei uns gegenüber der SPD und der Linken sind? Die müssen wir jedesmal neu überzeugen, daß sie mit eurer und unserer Deutschlandpolitik nicht über den Löffel balbiert werden."

Wir waren wieder im Zentrum der Ferien- und Sportanlage angekommen. Es war heiß. Ich hatte eine ganze Weile nichts gesagt. Mir brummte der Kopf. In unmittelbarer Nähe gab es ein Schwimmbecken. Jürgen hatte eine Idee: "Trinkt noch einen Eiskaffee, ich komme gleich wieder." Wolfgang nutzte seine Abwesenheit, um mich ins Vertrauen zu ziehen. Rolf und Jürgen hätten natürlich ganz andere Zwänge als er. Die beiden müßten natürlich auf den SED-Apparat Rücksicht nehmen, müßten auch ihren Vorgesetzten Bericht erstatten, mit ihm dagegen könnte ich ganz offen reden. Der Mann von der Uni Leipzig: "Ich gehe in vielen Ansichten auch weiter als die in Berlin. Das liegt wohl daran, daß ich viel öfter im westlichen Ausland bin, da kommen die ja nicht hin, sind schon froh, solche Reisen wie die jetzt machen zu dürfen. Bei einigen Sachen, die die so drauf haben, mußt du dir nichts denken. Das ist der Apparat, und der färbt ab."

Jürgen kam mit einer Plastiktüte wieder, präsentierte stolz drei Badehosen und Badeschuhe: "Ein Handtuch brauchen wir bei dieser Hitze ja wohl nicht." Wir gingen ins Schwimmbad. Irgendwie war die Situation unwirklich, wie in einem Traum. Warum war ich eigentlich hergekommen. Fast hatte ich Onkel Günther vergessen. Das Geschehen war mir fremd und faszinierend zugleich. Neugier und Abenteuerlust erwachten. Wir schwammen, rauchten, redeten über die Fußball-Bundesliga. Lockere Ferienstimmung stellte sich ein. Berlin, Kiel, SED, SPD, alles rückte in weite Ferne. Auf einer Wiese kickten ein paar Finnen. Wir sahen zu, dann spielten wir mit. Eine Art Länderspiel:

gesamtdeutsch gegen neutrales Ausland. Jürgen hatte am meisten Kondition. "Das kommt von der Betriebssportgruppe", meinte Wolfgang, "die ist bei denen ja Pflicht." Bei der Partei oder beim Geheimdienst, fragte ich mich.

Am Nachmittag kam Rolf dazu. Gutgelaunt, offenbar ebenfalls in Ferienstimmung. Er habe noch mal in die DDR-Vertretung gemußt, schließlich sei das ja kein reiner Urlaub. Ob mir Jürgen denn schon was erzählt hätte? Die Frage war echt, die beiden hatten noch nicht allein miteinander sprechen können. Wenn das hier alles nach einem exakten Plan ablief, dann war es gekonnt. Rolf, gut zehn Jahre älter als ich, trotz Silberschläfen fast jungenhaft, dabei Autorität und Besonnenheit ausstrahlend, ging die Sache väterlich an: "Das hast du ja schon gemerkt, daß wir nicht nur journalistisches Interesse an dir haben. Dein Onkel hat mir viel über dich erzählt, über deinen Konflikt mit deinen Eltern wegen deiner Kriegsdienstverweigerung, über dein Interesse an Nazi-Verbrechen und an Politik überhaupt. Na ja, und als du zu KONKRET gegangen bist, da meinte Günther, daß man vielleicht mal mit dir sprechen sollte, weil uns die APO natürlich viel mehr interessiert als die offzielle SED-Linie zugibt. So haben wir uns eigentlich vorsichtig an dich rangetastet, nicht nur wegen eurer Organe, die hinter jedem Linken einen DDR-Spion vermuten, sondern auch, weil wir selbst vorsichtig sein müssen in unserem eigenen Laden. Du wirst lachen, aber unsere Geheimdienstfritzen, jedenfalls die meisten, vermuten in Kontakten zu Leuten wie dir erst mal BND-Aktionen. Sie spielen eben auf beiden Seiten gerne Indianer." "Vielleicht", und dabei legte er seinen Arm um meine Schulter, "hätten wir ein bißchen früher Vertrauen zu dir haben sollen, dich eher in unsere Arbeit einweihen sollen."

Ich dachte, das sei ein gutes Stichwort, mal was Genaueres über Rolfs, Günthers und Jürgens wahre Tätigkeit zu erfahren: "Wollt ihr damit sagen, daß ihr eine Art Untergrundgruppe im SED-Politbüro seid? Das wäre allerdings ein Hammer. Mit so einer Geschichte könnte ich beim SPIEGEL ganz schön Furore machen, wenn man sie beweisen könnte."

Rolf spielte den Erschrockenen: "Das ist ja wohl ein schlechter Scherz." Ich setzte nach: "Klar. Aber mir kannst du ihn ja erzählen."

Der väterliche Freund wechselte in die Rolle des Oberlehrers.

"Glaubst du denn wirklich, das liefe bei uns anders als bei euch? In der BRD gibt es Kräfte, die wollen Entspannung, und es gibt welche, die wollen Revanchismus. Und bei uns gibt es Moskauer Beton à la Ulbricht, und es gibt Leute wie wir, die ihre Wurzeln eher in der deutschen Arbeiterbewegung sehen als im Komintern. Unsere Partei ist ja schließlich mal aus beiden Strömungen hervorgegangen. Unsere Art der Demokratie ist doch nicht deshalb schlechter, weil sie mit weniger öffentlichem Brimborium auskommt als eure. Und Macht, lieber Bernd, korrumpiert in allen Systemen. Und in allen Systemen gibt es Leute an Schreibtischen wie dich und mich, die den Mächtigen zuarbeiten, ohne sich dieser Macht auf Teufel komm raus zu unterwerfen. Wir haben doch eigene Gedanken und Ideen, können selbständig handeln, soweit es der Intellekt und das Gewissen zulassen. Du bist Sozialist, und ich bin ..." Ich unterbrach ihn: "Moment mal. Ich bin kein Sozialist. Ich bin Pazifist, für Höheres fühle ich mich nicht berufen. Gut, in der Kinderladenzeit habe ich ein paar Abende marxistische Arbeiterschulung mitgemacht. War einiges logisch. Vieles habe ich nicht verstanden, aber über eines bin ich mir ganz sicher: Es gibt für mich keine politischen Dogmen und keine letzten Weisheiten außer der, daß ich für keine Sache der Welt und auf keinen Befehl westlicher Oberindianer ein Gewehr in die Hand nehme und schieße, basta." Rolf lachte, so etwas fände er sympathisch, ob es auch der wirklich einzige moralische Standpunkt sei, das wolle er einmal dahingestellt sein lassen. Immerhin müßte ich ihm doch zugestehen, daß die DDR selbst mit ihrer offiziellen Linie friedenspolitisch nicht weit ab vom Kurs der bundesdeutschen Linken sei. Und er gehöre, wie Jürgen, Onkel Günther, Wolfgang Fischer und Bigalke einer Gruppe in der DDR - und natürlich auch in der SED - an, die über diesen offiziellen Kurs hinaus Verbindungen zur SPD-Linken anstrebe. Letzten Endes könnte in beiden Teilen Deutschlands der Frieden in Europa und auch gewisse liberale und menschlichere Entwicklungen in Zukunft nur so zustande gebracht werden. Und dann sagte er noch: "Es macht Spaß, mit dir zu diskutieren."

Die Geschichten und Argumente der DDR-Emissäre wirkten im Sommer 1979 glaubwürdiger, als sie es heute tun würden. Immer wieder hatten damals westliche Medien von Richtungsstreit, von Tauben und Falken innerhalb der SED berichtet. Rudolf Bahro und andere

SED-Ideologen hatten mit kritischen Partei-Analysen und Reformbestrebungen deutlich gemacht, daß auch in der DDR Diskussionen über Wege und Ziele stattfanden. Auch hatte ich in SPD- und Juso-Kreisen schon öfters hinter vorgehaltener Hand von heimlichen Kontakten bundesdeutscher Linker mit Institutionen oder Personen aus der DDR, Polen, Ungarn, Rumänien und der Sowjetunion gehört. Warum also sollten Parteifunktionäre aus der DDR nicht heimlich Sympathisanten bundesdeutscher Parteien und deren Politik sein?

Zehn Jahre später wurde diese allseits unterschätzte Eigenschaft der DDR-Parteimitglieder von SED, LDPD und CDU schließlich zur Massenpsychose. Manche mutierten sogar von der sozialistischen Glaubenslehre direkt in Regierungsämter des Klassenfeindes, ohne daß jemand auf die Idee käme, Kanzler Kohl der Naivität zu bezichtigen, was dessen Einschätzung der Herren Krause oder Ortleb betrifft. Und ich hatte in Helsinki eine wesentlich weniger riskante Entscheidung über die Staatsführung zu treffen. Aus Unsicherheit, Bequemlichkeit, wahrscheinlich aus Neugier traf ich sie nicht. Ich hörte zu, widersprach selten, ließ die Emissäre im Glauben, sie könnten auf mich zählen. Was sollte ich auch entscheiden damals, in den Tagen von Helsinki, außer daß solche Treffen fortgesetzt werden sollten, war mir nichts vorgeschlagen oder abverlangt worden. So baute ich mir, um mich selbst zu beruhigen, die Brücke, daß ich, zurück in Kiel, immer noch die Möglichkeit hätte, mit diesen Kontakten Schluß zu machen. Am dritten Abend ging meine Fähre zurück nach Travemünde. Am Nachmittag aber eröffnete mir Jürgen, daß ich unbedingt einen Tag länger bleiben müsse, sie hätten noch eine Überraschung für mich: "Alles kein Problem. Wolfgang hat schon einen Flug für dich gebucht. Du bleibst einen Tag länger und bist sogar früher zu Hause."

Daß die Freunde aus der DDR die Reisekosten übernehmen, hatten sie mir schon vorher klargemacht. Meine Hemmschwelle gegenüber dieser Form finanzieller Zuwendungen war seit Kopenhagen erheblich gesunken. Die Bereitschaft, diese Spesen anzunehmen, nährte sich auch aus der versteckten Wut, möglicherweise doch verarscht zu werden, und dann wollte ich für dieses seltsame Spiel nicht auch noch zahlen. Der dritte Abend wurde dann tatsächlich zu einer Überraschung.

Wir waren mit einem Fährschiff quer durch die Bucht von Helsinki gefahren. Die drei mußten sich auskennen. Ein herrliches Restaurant direkt an einem Felsen, von dem man die ein- und ausfahrenden Schiffe beobachten konnte. Wir hatten gut gegessen und schon einiges getrunken, als Rolf einen Verdauungsspaziergang in der Abendsonne vorschlug. Jürgen hatte sich an der Theke noch eine Sektflasche mitgeben lassen. Wir setzten uns ins Gras, und dann war es wieder Jürgen, der zu einer etwas alkoholisierten, wenn auch bedeutungsschweren Rede ansetzte. Er versuchte zu zelebrieren, wurde immer weihevoller, ich grinste innerlich, war darauf gefaßt, daß er so etwas ähnliches vorhatte wie ein Aufnahmezeremoniell in eine Art Brüderschaft.

Plötzlich holte er eine kleine Schatulle aus seiner Jackentasche.

"Und damit du siehst, daß wir es ernst meinen, hat dein Onkel für eine besondere Anerkennung gesorgt. Für deine Verdienste um linke Politik und deinen aufrichtigen Kampf gegen die Reaktion und den Revanchismus in der BRD soll ich dir diesen Orden der DDR verleihen, mit dem auch", und damit nestelte er wieder in seiner Tasche und zog einen Briefumschlag hervor, "diese Anerkennungsprämie verbunden ist." Dazu fiel mir zunächst wirklich nichts ein. Sprachlos nahm ich die hingestreckte Schatulle und den Briefumschlag. Aber ich öffnete weder das eine noch das andere, legte beides vorsichtig ins Gras. Jetzt ist der Moment für Klartext, dachte ich, was zuviel ist, ist zuviel. Ich schluckte, nahm allen Mut zusammen und wandte mich an Rolf, der zu ahnen schien, was kam, und beschwichtigend die Hände von sich streckte, als wolle er mir bedeuten: Überleg dir, was du sagst. Heiser, aber bestimmt begann ich: "Das hättet ihr besser bleiben lassen, da bin ich nämlich ganz empfindlich. Orden sind für mich, egal, von wem sie kommen, bestenfalls lächerlich. Wie kann man einem Kriegsdienstverweigerer mit so einem militärischen Scheiß kommen. Ihr habt sie ja wohl nicht alle. Bestellt Onkel Günther, er soll sich den an den Hut stecken." Damit nahm ich die Schatulle und warf sie Jürgen zu, dann stand ich auf und gab ihm den Umschlag zurück: "Wieviel ist denn darin?" Jürgen war völlig von der Rolle, steckte die Schatulle in die Hosentasche: "1500 Mark." Dann sah er Rolf an, als wolle er sagen: Was machen wir nun?

Der fing sich dann auch als erster: "Nun wollen wir das Ganze mal nicht dramatisieren, Bernd. Es sollte ja wohl nur eine nette Geste sein." Ich widersprach: "Ich finde das eine Zumutung, das könnt ihr mir glauben. Zu Hause schreibe ich Glossen über Leute mit Ordensambitionen, finde an Helmut Schmidt noch am sympathischsten, daß der Ordensannahmen strikt verweigert, und habe gedacht, daß wir hier gegen solche Typen mit behängten Orden Politik zusammen machen wollen, und dann kommt ihr mit so was."

Rolf versuchte, die Situation zu retten: "Also gut, Bernd. Dann laß uns wenigstens den Sekt nicht warm werden lassen, den Jürgen mitgebracht hat. Etwas zusammen trinken mit uns wirst du ja wohl noch, oder?"

Eine saublöde Geschichte, dachte ich mir im Stillen, nach außen aber gab ich Entwarnung: "Macht mit dem Orden, was ihr wollt und versauft meinetwegen die Prämie, aber kommt mir nie wieder mit so offiziellen Nummern, dagegen bin ich allergisch." Rolf runzelte die Stirn. Er wolle das meinem Onkel ausrichten, inoffiziell versteht sich, und er persönlich habe viel Verständnis für meine Reaktion, wenn er auch nicht damit gerechnet hätte. Er hoffe nur, daß dieser Vorfall unser Verhältnis nicht belasten würde, das wäre doch sehr schade für die Sache.

Wer jetzt glaubt, daß man für einen Orden vorher etwas geleistet haben muß, den muß ich enttäuschen. Damals wie heute ehren sich nämlich die Mächtigen mit Verleihungen und Auszeichnungen in erster Linie selbst, ganz egal, ob es sich nun um einen DDR-Orden oder um ein Bundesverdienstkreuz handelt. Hüben wie drüben galt eben die Devise: Kleine Geschenke erhalten die Freundschaft ...

1980: Schluß mit falschen Spielen

Dezember 1991: Noch sehen sich die Leute in der Kieler Einkaufsstraße nach mir um. In den Kneipen werde ich angesprochen, ein blondes, mir völlig fremdes Schickeria-Mädchen möchte mich kennenlernen. Fehlt nur noch die Autogramm-Bitte. Der private TV-Sender PREMIERE bietet 10.000 DM für ein 5-Minuten-Interview, die KIELER NACHRICHTEN drucken nach einem Telefonat, in dem ich nicht mehr als meinen Namen gesagt und den Redakteur auf später vertröstet hatte, ein halbseitiges "Interview" mit dem "mutmaßlichen Top-Agenten". Das Überraschende dabei ist: Ich werde weder bespuckt, noch beschimpft, ja nicht einmal schräg angesehen. Spionageverdacht erfreut sich offensichtlich größerer gesellschaftlicher Akzeptanz als der Generalbundesanwalt vermutet. Ein schlichter Dieb hätte sicher mehr auszustehen. Agenten, waren sie's nun oder nicht, scheinen durch James Bond und Smiley's Leute im öffentlichen Bewußtsein eher interessant als kriminell zu wirken. Hinzu kommt die Überfütterung der Medien mit Stasi-Verdächtigungen.

Komisch, daß fast ausschließlich Journalisten, Schriftsteller, Kirchenleute und Rechtsanwälte ins Fadenkreuz geraten, ausführlich diskutiert und diskriminiert werden. Ob nun der Modemacher Joop, Wallraff, Engelmann, Gysi, Stolpe oder der kleine Michels, was immer in den Einzelfällen am Ende herauskommen mag: Wir alle haben ja wohl nicht den selbst gesuchten, gewinnbringend angewandten Kontakt zur Stasi gehabt wie bundesdeutsche Kaufleute, Firmenchefs, Händler in Sachen Waffen und Elektronik oder deren mitverdienende politische Makler. Fast könnte man Verständnis für jene Stasi-Offiziere bekommen, die, in so brotloser Geheimdienstkunst wie Presse, Kirche oder Politik angesiedelt, nach der Wende selbstgemachte Akten oder Geschichten an die Boulevard-Zeitungen verkaufen müssen. Andere, z.B. ihre Zunftgenossen aus dem Bereich wirtschaftliche Koordination (KoKo), kassieren für ihr Schweigen viel besser ab.

Doch davon später mehr. Um die Jahreswende 1991/92 zähle ich die Häupter der mir verbliebenen Lieben, und siehe da, es scheint, als seien ein paar dazugekommen. Verwandte, Freunde und Bekannte helfen mir, unterstützen mich, mit einer Situation fertig zu werden, in der ich mich als unschuldsvermuteter Beschuldigter ja leider nicht mit einem völlig reinen Gewissen wehren kann. Und weder Spitzel noch Spion gewesen zu sein und dennoch mit der Stasi verkehrt zu haben, das ist in wenigen Sätzen nicht zu erklären. Immerhin, an den "Top-Agenten" glauben jene, die mich kennen, sowieso nicht. Selbst der

NDR sieht dankenswert und ausgesprochen mutig keine Veranlassung, mich aus dem Verkehr zu ziehen. Vom Direktor des Landesfunkhauses angefangen bis zum Pförtner erfahre ich eine in bundesdeutschen Medienbetrieben sicher nicht selbstverständliche Anteilnahme und Solidarität, erscheine auch wieder als Reporter auf dem Bildschirm. Doch ich empfinde die langsam einkehrende Normalität für mich sehr oberflächlich. Es bleibt etwas von mir und in meiner Geschichte zu erklären, das widersprüchlich, inkonsequent und leichtfertig ist, selbst wenn es am Ende entschuldbar wäre. Und gerade jene Menschen, die mir helfen und mich unterstützen, haben einen Anspruch auch auf jene Teile der Wahrheit, in denen ich mich nicht als tragischen oder auch nur komischen Helden deutsch-deutscher Vergangenheit wiedererkenne, sondern auch als schwachen, bequemen und unaufrichtigen Zeitgenossen.

Frühjahr 1980: Meine Spielsucht trieb mich fast nächtlich in das Hamburger Spielkasino. Familie und Kollegen erklärte ich meine ständigen Fahrten an die Alster mit den Vorbereitungen zu einem großen Wahlkampf-Open-Air-Festival, das ich für Ende Mai in der Freilichtbühne von Bad Segeberg plante. Tatsächlich besuchte ich mehrfach Udo Lindenberg in seiner Pöseldorfer Wohnung, um ihn zu überreden, gemeinsam mit Helmut Schmidt aufzutreten, und zwar ohne Gage. In einem schwarzen Ledersofa, einen Kasten Bier zwischen uns, zierte sich der Rockstar, wegen seines linken Images mit dem Macher-Kanzler gemeinsame Sache zu machen: "Lieber trete ich für die GRÜNEN auf." Für Günther Jansen und Egon Bahr ja, da wäre Power gegen Atomkraft und Kalte Krieger und so, mit denen setze er sich gerne auf eine Bühne, aber mit dem Schmidt nur unter der Bedingung, daß er dem ordentlich die Meinung geigen dürfe: "Ich will mit dem diskutieren und nicht im Vorprogramm die Stimmungskanone für den machen. Wenn du mir das garantierst, dann wird da was draus."

Wieder stolz, den populären Rocker möglicherweise ins SPD-Lager holen zu können, überhaupt ein Festival aufzuziehen, das in der bisherigen Geschichte der Partei-Öffentlichkeitsarbeit einmalig sein dürfte, zog es mich an den Roulett-Tisch. Über die Motive kann ich selbst nur spekulieren. War es der Leistungsdruck, dem ich mich selbst immer wieder extrem aussetzte? War dieser vielleicht im Minderwertigkeitsgefühl des abgebrochenen Realschülers begründet, der es den Abiturienten und Studierten zeigen wollte, der zwanghaft Erfolgserlebnisse fixierte, die über jedes normale Maß in den Bereichen hinausgingen, in denen ich mich bewähren mußte. Oder waren es die Zweifel am Selbstwert, die sich trotz der Erfolge einstellten, Unsicherheit darüber weckten, ob hier Talent und Leistung oder aber Mittelmäßigkeit mit Zufällen und Glück zum selbstgesteckten Ziel kamen. Möglich, daß der Glaube an letzteres den Weg ins Kasino bestimmte, die Chips und die Kugel in Wahrheit der Illusion dienten, die Treffer-Quote als Gottesurteil über selbstbestimmten und zufälligen Erfolg entscheiden zu lassen. Wie auch immer, es wurde der teuerste Versuch der Selbstfindung, hatte ich doch bis zu diesem Zeitpunkt schon einen 25.000 DM-Bankkredit aufnehmen müssen, war bei Freunden und Bekannten mit weiteren 10.000 DM verschuldet.

Und welche Motive mich auch immer an den Spieltisch gebracht hatten, jetzt kam die Spieler-Wahnidee hinzu, das Glück zum Befreiungsschlag zu zwingen, den finanziellen Druck mit einer Serie loszuwerden. Mitten im Spielfieber dann klare Gedanken: Du kennst dich. Selbst wenn die Serie kommt, setzt du noch einen drauf, spielst mit immer höheren Einsätzen, bis alles wieder weg ist. Ich sah die Spieler um mich herum, erkannte mich immer deutlicher selbst in deren fahrigen Bewegungen, in deren Lethargie. Du bist klüger, dachte ich eines Abends, als ich fast 5000 DM gewonnen hatte. Das reichte bei weitem nicht zur Verlustabdeckung, doch wenn ich jetzt weiterspielte, würde ich mit hoher Wahrscheinlichkeit am Ende gar nichts mehr haben. Einzige Chance: hoch setzen, gewinnen und aufhören.

Ich trickste mich selbst aus, verließ das Kasino und ging in eine Kino-Nachtvorstellung. Eine Viertelstunde vor Schließung des Kasinos kam ich wieder, wartete auf die Ansage der letzten drei Spiele. Die 5000 DM hatte ich in 50 Hundertmark-Chips getauscht, setzte an drei verschiedenen Tischen meine Zahlen: die "19" und deren Nachbarn im Kessel "19-1-1". Es funktionierte. Als die Lichter im Saal ausgingen, hatte ich über 20.000 DM gewonnen.

Am nächsten Tag zahlte ich bei Freunden und Bekannten 10.000 DM Schulden zurück. Hochstimmung. Es ging wieder aufwärts. Dazu lag auf meinem Schreibtisch ein Brief von der Agentur Rau aus München, in dem mir mitgeteilt wurde, daß sich Udo Lindenberg entschlossen hätte, am 31. Mai 1980 in der Segeberger Freilichtbühne im Rahmen einer SPD-Wahlveranstaltung aufzutreten. Der Rockstar würde auf ein Honorar verzichten, für die Band seien allerdings 7000 DM zu zahlen. Wer die Bedingungen im Show- und Wahlkampfgeschäft kennt, der weiß, welcher Coup mir damit gelungen war. Glück, Überzeugungskraft, Geschick, Können? Auf ins Kasino!

Doch auch das Telefon klingelte wieder. Herr "Peters" brachte sich in Erinnerung: Warum ich zur letzten Verabredung nicht gekommen sei, er habe sich soviel Mühe mit dem Manuskript gegeben. Streß, keine Zeit, betont kühl legte ich ohne Gruß auf. Der Orden von Helsinki, die gebliebenen Zweifel am wahren Hintergrund der DDR-Kontakte, vor allem ein zunehmend schlechtes Gewissen Günther Jansen und den politischen Freunden gegenüber hatten in mir den Entschluß bestärkt, die heimlichen Treffen mit den Freunden aus der anderen Republik zu beenden, Kontaktversuche einfach zu ignorieren. Einfacher gedacht als getan, denn einen Telefonhörer konnte man auflegen, einem Wolfgang Fischer leibhaftig in Kiel aber nicht entgehen. Und eines Nachmittags, im April 1980, stand der vor der SPD-Zentrale in Kiel, "zufällig im Lande", wie er zunächst beteuerte.

Er müsse ungestört mit mir reden, die Sache sei wichtig, ich würde sie wohl zu sehr auf die leichte Schulter nehmen. Ich fuhr mit ihm an den Ostseestrand von Heidkate, denn es war warm, wenn auch noch kein Badewetter. An einer Tankstelle besorgte ich Bier- und Cola-Dosen. Auf einer Decke, die ich im Wagen hatte, machten wir es uns gemütlich. Dann wurde es ungemütlich. Am Anfang appellierte Wolfgang noch an mein friedenspolitisches Engagement, an meine Solidarität zu Onkel Günther, Rolf, Jürgen und Klaus-Peter Bigalke, die allesamt in Probleme geraten würden, wenn ich nun ausstiege. Dieses Gefühl habe Bigalke ganz offen signalisiert. Dabei hielt der Emissär die Legende von der SED-Abteilung aufrecht, erklärte die konspirativen Methoden mit Vorsichtsmaßnahmen, die nur zu meinem besten angewandt würden. Und dann erzählte er mir einiges über mich, bei dem ich hellhörig wurde. Zum Beispiel würde ich mich viel zu sehr auf Günther Jansen konzentrieren, die linke sozialdemokratische Zukunft läge aber bei Klaus Matthiesen. Es wäre nicht schlecht, wenn ich mich mehr mit dem anfreunden würde. Jansen würde sicher bald abgeschossen, und dann stände ich doch möglicherweise ohne Rückhalt, wenn nicht gar ohne Job da. Überhaupt, mein kulturpolitisches Engagement, zum Beispiel mit dem bevorstehenden Festival, wäre ja wohl mehr ein persönlicher Spleen von mir als politische Arbeit.

Wolfgang: "Warum gibst du dich mit Leuten wie Biermann, Wallraff und Lindenberg ab, die erhöhen doch nur das Risiko, daß du in der Chaoten-Ecke landest, die werden doch alle schon wegen RAF-Nähe überwacht, und da kannst du mit denen ganz leicht hineingeraten. Und nun willst du auch noch diese Sängerin rüberholen, diese Bettina Wegner. Mensch Bernd, solche Risiken sind doch völlig überflüssig." In meinem Kopf rumorte es. Woher konnte Wolfgang Fischer wissen, daß ich die DDR-Liedermacherin vor ein paar Wochen spontan in Ost-Berlin angerufen hatte, und sie mir eine Zusage für den Fall gegeben hatte, daß sie eine Genehmigung für einen solchen Auftritt bekäme. Daß Bettina Wegner in Segeberg auftreten sollte, war weder öffentlich noch in der Partei bekannt. Das war so eine Schnapsidee von mir gewesen, die ich schon deshalb nicht herausposaunt hatte, weil die Realisierung dieses Auftritts geringe Chancen besaß. Es wäre die erste öffentliche Veranstaltung der DDR-Sängerin in der Bundesrepublik gewesen.

Ich sagte Wolfgang nichts von dem, was mir durch den Kopf ging. Daß er nämlich nur davon wissen konnte, wenn Bettina Wegners Telefon vom Ministerium für Staatssicherheit abgehört wurde, wovon man ausgehen konnte. Aber es konnte nur jemand vom Inhalt der Gespräche wissen, der einen sehr guten Draht zu diesem Ministerium besaß oder ihm selbst angehörte. Oder aber, und das war die zweite, nicht minder brisante Möglichkeit: In meinem direkten Freundes- und Genossenkreis gab es einen Mann, der sowohl mit mir als auch mit meinen DDR-Freunden Kontakte unterhielt. Letzteres erschien mir immer wahrscheinlicher, nachdem Wolfgang auch über meine persönliche Situation Andeutungen machte, in denen von finanziellen Schwierigkeiten und Eheproblemen die Rede war.

Irgendwann an diesem sonnig-warmen Vorabend, an dem ich viel zuhörte und wenig sagte, wollte ich Wolfgang Paroli bieten: "Was wäre eigentlich, wenn ich jetzt aufstehen würde, zur nächsten Polizeistation stiefelte und erzählte, was ihr so mit mir treibt?" Wolfgang war weder entsetzt noch beunruhigt. Er lachte: "Und wie erklärst du denen deine Reisen und unsere Zusammenkünfte in Kopenhagen oder

Helsinki? Was wolltest du überhaupt erzählen?" Da hatte er recht. Erstens konnte ich mir selbst nicht vorstellen, mich an bundesdeutsche Behörden zu wenden, um bestenfalls umgedreht zu werden. Zweitens bekäme ich wahrscheinlich Probleme, über einen Zeitraum von immerhin schon neun Jahren erklären zu müssen, warum ich nicht früher gekommen bin.

Trotzdem interessierte mich, wie weit die DDR-Genossen gehen würden. Ich sei schließlich kein Geheimnisträger, weder Beamter noch war ich bei der Bundeswehr, was so fragte ich Wolfgang, sollte strafbar oder auch nur riskant sein an Kontakten zu Journalisten, Wissenschaftlern oder Parteileuten, was sollte mir also passieren, wenn ich diese Kontakte abbräche? "Gar nichts", sagte Wolfgang, ich müsse selbst wissen, wer meine Freunde seien und wer nicht. "Aber dein Onkel und Rolf wären sicher enttäuscht." Gerade jetzt, wo doch etwas in Gang käme, wo das Klima auch für offizielle Kontakte zwischen Verbänden, Gewerkschaften und Parteien in beiden Deutschlands immer besser werde: "Da brauchen wir doch Leute wie dich, die ein paar Fäden im Hintergrund ziehen, damit der Frieden sicherer wird, Raketen, Angst und Kalter Krieg überwunden werden."

Trotz der Phrasen, dem offensichtlichen Auftrag, mich bei der Stange zu halten: Wolfgang Fischer glaubte an das, was er sagte, war aufrechter Kommunist mit grünen Anwandlungen und viel Skepsis gegenüber Apparaten. Er war nicht der Mann für Drohungen, eher fürs Augenzwinkern. Am Ende unseres Gesprächs gab er mir einen Umschlag mit 2.000 DM für eine Reise nach Helsinki. Dort würden mein Onkel, dieses Mal ganz bestimmt, Rolf und Jürgen am 17. Juni 1980 auf mich warten: "Dein Onkel meinte, du könntest die Reisekosten gebrauchen, es geht dir wohl im Augenblick nicht so gut, was?" Wir fuhren zurück nach Kiel. Als ich ihn am Bahnhof absetzte, steckte Wolfgang noch einmal seinen Kopf durch die Beifahrertür: "Übrigens, liegt dir wirklich so viel an dieser Sängerin?" Er wartete meine Antwort erst gar nicht ab. "Das wird klar gehen." Dann verschwand er in der Halle.

Am 31. Mai 1980 trat Bettina Wegner in der Freilichtbühne von Bad Segeberg zum ersten Mal vor bundesdeutschem Publikum auf. 12.000 Menschen waren zum SPD-Festival gekommen. Selbst Helmut Schmidt hatte sich davon überzeugen lassen, daß Wahlkampf nicht nur Propaganda sein mußte. Er ließ sich mit Udo Lindenberg auf eine Diskussion über Kernenergie ein, ging aber mit Loki stiften, als der Rockstar samt Band auf der Bühne laut wurde. "Sind so kleine Hände ..." sang Bettina und wurde stürmisch gefeiert.

Sie hatte Angst gehabt, zum ersten Mal vor soviel Publikum im Westen. Fast habe ich sie rausschubsen müssen, auf die Bühne. Hinterher war die kleine zierliche Person wie aufgekratzt. Bei Schorle und Bier freundeten wir uns an. Bettina Wegner trat in den folgenden Jahren in vielen von mir organisierten Partei- und Wahlveranstaltungen auf. Verliebt in einen Freund von mir, zog es sie immer wieder nach Kiel. Sie schlief auf meiner Couch so manchen Weinrausch aus, diskutierte über Deutschland mit viel Heimweh nach Ostberlin und fand den Westen überwiegend zum Kotzen. Hier singen sei eine, hier leben eine andere Sache. Die Sensibilität der "Ossis" gegenüber den "Wessis" nach der Vereinigung, das für DDR-Bürger fremde, geschäftig umtriebige, oberflächlich aufgeschlossene, fröhlich bunte Bundileben, die eben doch sehr unterschiedliche Mentalität im einig Vaterland erfuhr Bettina Wegner lange vor der Wende und kam lange nicht damit zurecht.

Der Stasi-Staat, heute eine ebenso feindliche, wie angeblich feste Größe, war für die Wegner, wie für viele "rübergemachten" oder ausgebürgerten Künstler, trotz Spitzel und Pressionen auch Idyll und Alternative. Jene linken Klugscheißer in den Medien, die Westschriftstellern und Journalisten die Naivität ankreiden, mit der jahrzehntelang die Arbeiter- und Bauernrepublik schöngeschrieben wurde, sie fanden zumeist auch erst zu eindeutig vernichtendem Urteil, als es die DDR nicht mehr gab: modisch und opportun, als käme es jetzt darauf an, auf der richtigen Seite zu überwintern, weil die Träume von der besseren DDR 1990 nur einen Sommer tanzten.

1980 überließ die sozialdemokratische Linke die Träume von einer besseren DDR noch Egon Bahr und seinen SED-Verhandlungspartnern. Nicht der Unmensch Honecker, das Gespenst Strauß stand auf der Tagesordnung und mit ihm die Furcht vor einer Politik, deren Selbstherrlichkeit, Intoleranz und Kapitalorientierung am besten mit jener Situation umschrieben ist, die die neuen Bundesbürger in den neuen Bundesländern zur Zeit erleben. Damals in der alten Bundesrepublik siegte noch das "moderne Deutschland" des Helmut Schmidt, aber damals durften die Leipziger "Revolutionäre" ja auch noch nicht mitwählen.

Der vorläufige Fortbestand der sozialliberalen Koalition in Bonn und die beginnende Nachrüstungsdebatte bescherten der SPD ganz ohne mein Zutun eine neue Qualität der deutschlandpolitischen Diskussion. Nicht mehr nur menschliche Erleichterungen im innerdeutschen Reiseverkehr, auch eine "gemeinsame Verantwortung beider deutscher Staaten in der Friedens- und Entspannungspolitik" wurden nun postuliert. Und gerade die SPD habe jene Zusammenarbeit zu organisieren, die in Sachen Abrüstung, Umwelt und Kultur beispielhaft für blockübergreifendes Zusammenleben in Europa sein sollte. "Eine solche Zusammenarbeit kann nur erfolgreich sein, wenn wir die DDR als einen souveränen Staat betrachten und jede Form der Bevormundung oder Inanspruchnahme ihrer Bürger auf politischem oder juristischem Gebiet vermeiden." (Leitsätze der SPD Schleswig-Holstein 1982) Ich gebe zu, daß das Zitieren aus alten - gelegentlich auch aus neuen - Parteiprogrammen die einfachste und leichteste Methode ist, Lacherfolge zu Lasten linker, rechter, liberaler und selbst grüner Politiker einzusammeln. Und tatsächlich liegt mir nichts ferner, als mich über die von der Realität überholten deutschlandpolitischen Absichten meiner Partei zu Beginn der achtziger Jahre lustig zu machen. Im Gegensatz zum aktuellen Sprach- und Argumentationsgebrauch meiner Spitzengenossen bin ich sogar nach wie vor von der Moral und von der Praxis der damaligen deutschlandpolitischen Thesen überzeugt. Ich führe sie hier nur an, weil, wer meine Geschichte bis hierher verfolgt hat, nicht auf den Gedanken kommen sollte, ich sei ein besonders naives Exemplar im Einflußbereich deutscher Geheimdienstkrämer und deshalb leichte Beute gewesen.

Sagen wir mal so: Was die SED-Emissäre mir da in Helsinki eingeflüstert hatten, aus welchen Motiven auch immer, kam Anfang der achtziger Jahre - ohne daß ich mich selbst je an dieser Diskussion beteiligt hatte - wie ein Echo aus ebenso berufenen, wie sozialdemokratisch legitimierten Mündern. Und daß Sozialdemokraten in der Umsetzung ihrer Ideen auch konspirative Methoden anwenden können, hat Tradition.

Im Juni 1980 war mir mein persönliches Fiasko näher als die ernsthafte Beschäftigung mit deutscher Politik. Der Erfolg des Segeberger Festivals zerrann mir wieder einmal in Form von Chips. Bankkredite waren ausgeschöpft, Freunde über Gebühr mit Anleihen belästigt worden. Längst hatte meine Spielsucht Ehe- und Familienleben in Mitleidenschaft gezogen, litten Frau und Kind unter meinen Eskapaden. Ein Therapieversuch war abgebrochen worden, die Scheidung war nur noch eine Sache von Monaten. Angesichts meines mir selbst zugefügten persönlichen Trümmerfeldes spielte ich einen Moment tatsächlich mit dem Gedanken, am 17. Juni nach Helsinki zu fahren und mein Schicksal und meine Sanierung jener vermuteten "fremden Macht" anheim zu geben, der ich mißtraute. Eine einfache Lösung: Denn stimmte, was ich nach den letzten Begegnungen in Kopenhagen, Helsinki und am Ostseestrand vermutete, dann wäre es der Truppe um Mischa Wolf sicher ein Leichtes, für Bares klare Verhältnisse zu schaffen. Sie könnte mich wohl aus dem finanziellen Schlamassel direkt in ein politisches Schlamassel überführen. Doch es war schon die Anstrengung wert, zu überlegen, welche Abhängigkeit die schlimmere war. In den Zeitungen ist viel darüber spekuliert worden, ob meine Spielleidenschaft der passende Schlüssel für eine eigentlich unpassende Spionage-Geschichte gewesen sei. In jenen Juni-Tagen 1980 wäre er es fast geworden. Doch es kam anders. Ich fuhr nach Hamburg, mietete mich in ein St. Pauli-Hotel ein, spielte nicht, sondern saß zwei ganze Nächte lang in Bierpinten herum und dachte nach.

In der dritten Nacht ging ich zu einem guten Freund. Nach langer Zeit war ich zum ersten Mal wieder glücklich. Ich redete mir von der Seele, was die Tränen zuließen: Selbstmitleid und Befreiung. Immerhin, ich konnte wieder weinen, eine Eigenschaft, die mir mein Vater vor langer Zeit mit dem Stock und mit der Methode abgewöhnt hatte, fürs Heulen zusätzliche Schläge in Rechnung zu stellen. Ein Mann steht seinen Mann: hart wie Kruppstahl und treudeutsch, wie die Generation der Tränenlosen zwischen Weimar und Stalingrad.

Mein Freund weinte mit. Er war Reserveoffizier: "So was darfst du mir doch nicht erzählen, damit will ich nichts zu tun haben." Morgen wollte er mich zu Günther Jansen fahren: "Wenn dir einer helfen kann, dann der. Aber erzähl dem bloß nicht diese DDR-Geschichte, das bringt den in Teufels Küche." Ich erzählte Günther Jansen alles über meine Spielsucht, nichts über meine anderen Probleme. Er nannte mich "Arschloch" und nahm mich in den Arm. Dann nahm er alles weitere in die Hand. Sucht war ihm nicht fremd. Als Bürgermeister hatte er mit viel persönlichem Engagement Alkoholiker betreut, verschuldeten Mitmenschen mit Rat und Praxis zur Selbstverantwortung verholfen. Gefühlen begegnet der Mann aus Eutin mit Vorsicht: Da muß ein Zettel her, die Rechnung muß stimmen, die Bedingungen müssen klar, menschenwürdig und erfüllbar sein.

So machte er es auch mit mir. Nie hatte ich je einen Menschen wie ihn getroffen. Er akzeptierte Spielsucht und persönliches Trümmerfeld ohne moralisierende Nachbetrachtung und skeptische Vorausschau. Er verlangte finanzielle Disziplin und eine von mir und ihm unterschriebene Sperre bei allen deutschen Spielbanken, die bis heute gilt. Dann stellte er mit mir zusammen einen Sanierungsplan auf. Für meine Schulden nahm er einen Kredit auf. Im Juli 1980 - ich wohnte inzwischen auch bei ihm - bestellte er mich in sein Büro. Aus einer Tasche häufte er Geldscheine auf seinem Schreibtisch, zählte laut mit: "Sechzigtausendvierhundert, sechzigtausendfünfhundert ..." Als alle Geldscheinhaufen lagen, wandte er sich an mich: "Das packen wir jetzt wieder ein und bringen es zur Bank. Ich wollte, daß du die Menge Geld einmal siehst, die ich für dich locker machen muß, weil du sie einfach verspielt hast. Sauer verdient, mein Lieber, dafür könnte ich mir jetzt ein neues Dach leisten, was nötig wäre."

Ich brauchte fünf Jahre, um die Summe zurückzuzahlen.

1984: Im Auftrag der SPD zur SED

5. April 1992: Seit vier Jahren regieren die Sozialdemokraten in Schleswig-Holstein. Heute wollen sie wiedergewählt werden, es ist

Landtagswahl. Seit meiner "Enttarnung" als sogenannter "Top-Agent" habe ich mich bei den Genossen nicht mehr blicken lassen. Manche scheinen das als Schuldeingeständnis zu werten. Sie wissen jedoch nicht, daß man mir von "höherer Stelle" bedeutet hat, öffentliche Kontakte und Parteiveranstaltungsbesuche doch bis zum Landtagswahltermin möglichst zu vermeiden, nicht zuletzt, um im Wahlkampf keinen Ansatzpunkt für öffentliche Kommentare oder neue Michels-Schlagzeilen zu bieten. Mir fällt es schon deshalb nicht schwer, mich daran zu halten, weil mein Interesse an Politik seit den vielen öffentlich gemutmaßten Verleumdungen über mich schlagartig gesunken ist.

An diesem Wahlsonntag habe ich Dienst im Funkhaus, stelle für die dritten Programme der ARD Wahlabendzusammenfassungen her. Kurz vor Mitternacht holen mich Freunde ab und schleppen mich zur SPD-Wahlparty in die Kieler Räucherei. Das Spießrutenlaufen bleibt auch hier aus. Die meisten Genossinnen und Genossen begrüßen mich ausgesprochen herzlich, keiner fragt nach Schuld oder Unschuld, selbst "Spitzengenossen" geben mir wieder die Hand. Dann kommt Björn Engholm, sichtlich fröhlich, die absolute Mehrheit im Land geradesoeben verteidigt zu haben. Als ich mich an ihm zum Biertresen vorbeischieben kann, unsicher, ob das Kontaktverbot noch gilt, schließlich soll ich ja angeblich sein "Guillaume" gewesen sein, hält mich Björn Engholm an der Schulter fest: "Hallo Bernd, wie geht es dir denn, haben uns ja lange nicht gesehen." Er reicht mir ein Bier, schon knipsen um uns herum wieder die Fotografen, Fraktionschef Börnsen mag gar nicht hinsehen. Ich tue ihm den unausgesprochen gewünschten Gefallen, gratuliere Björn, drücke ihm die Hand, und verziehe mich. Keine Frage, nicht unbedingt Engholm selbst, wohl aber die Manager der "Macht" in Kiel wollen ungern an mich erinnert werden.

Gerade die windschlüpfrigen Linken, die sich unter Jochen Steffen noch mit stolz geschwellter Brust Sozialisten nannten, der Farbe Rot vor Schwarz und Gold die Treue schworen, können heute vor Amtlichkeit und Würde kaum gehen, tragen Schlips statt Pullover und Staat statt Engagement in die Partei. Mir kann es eigentlich egal sein, und vielleicht haben sie sogar recht. Doch ihr Erinnerungsvermögen bedarf der Nachhilfe, wenn die Spitzengenossen heute so tun, als hätten sie nie ein Stück Brot von der SED genommen. Und ihr Schamgefühl bedarf der Wiederbelebung, wenn die Bundesvorstands-Genossen eine Ossi-Kollegin wie Käthe Waltemathe wegen lächerlicher Stasi-Kontakte der öffentlichen Schmach preisgeben, selbst aber gar nicht oft genug an Honeckers Tisch geladen werden konnten. Heute rufen sie: Honecker in den Knast. Stasi-IMs raus aus der Partei. Wer in der SED war, kann nicht Sozialdemokrat werden. Die PDS kann niemals Koalitionspartner für die SPD werden: Gut gebrüllt Löwen.

Genau zehn Jahre zuvor, im Frühjahr 1982, konkretisierten sich Überlegungen und Diskussionen im SPD-Landesvorstand Schleswig-Holsteins, mindestens auf Bezirksebene Kontakte mit der SED aufzunehmen. Zunächst sollten sozialdemokratisch geführte Kommunen schon bestehende oder noch zu vereinbarende Städtepartnerschaften dazu nutzen, im Westen wie im Osten sogenannte atomwaffenfreie Zonen zu proklamieren. Darüber hinaus sollte die SPD-Landtagsfraktion dem Norden der DDR einen offiziellen Besuch abstatten und auf möglichst hoher SED-Ebene Zusammenarbeitsmöglichkeiten in den Bereichen Kultur und Umweltschutz eruieren. Die Landesparteiführung schließlich sollte über Egon Bahr in Bonn abklopfen lassen, ob der Versuch, mit der SED über die Bezirksebene direkt ins Gespräch zu kommen, mindestens geduldet würde, wenn nicht im Hinblick auf spätere Bundesaktivitäten in die gleiche Richtung sogar gefördert werden könnte.

Fast könnte man meinen, die "Helsinki-Vorträge" meiner Freunde aus der DDR hätten bei diesem Programm Pate gestanden. Doch, was mich betrifft, hatte ich erstens den Kontakt ja schon seit zwei Jahren abgebrochen, nach dem Besuch Wolfgang Fischers in Kiel waren selbst Telefonate ausgeblieben, und zweitens hatte ich weder die Möglichkeit noch den Wunsch, selbst politische Initiativen in dieser Richtung in den Gremien der Partei oder über Spitzengenossen anzuleiern. Allerdings habe ich Günther Jansen einmal dazu geraten, sich aktiv in der Deutschland- und Ostpolitik zu beteiligen, um das Mono-Profil vom Anti-Kernkraft-Kämpfer um ein paar Facetten zu erweitern. Und natürlich habe ich aus meiner eigenen Meinung keinen Hehl gemacht, daß Kontakte und Gespräche mit Kommunisten in jedem Fall nützlicher wären als das gegenseitige Aufeinandereinschlagen.

Mein Interesse für diese neuen sozialdemokratischen Initiativen wurde darüber hinaus durch meine Geschichte und die Neugier bestärkt, daß wohl doch etwas an jener deutsch-deutschen blockübergreifenden Vision der Linken sein könnte, die mir während der finnischen Waldspaziergänge von offensichtlich kompetenter Seite eingeflüstert worden war. Formulierungen in der Landesvorstandsdiskussion, in Beratungs- und Antragspapieren nährten bei mir den Verdacht, daß noch ein paar Genossen mehr die gleichen Gedanken oder die gleichen Gesprächspartner gehabt haben mußten. Da war von der SED als einer Partei die Rede, "die sich für die Menschen in der DDR offenhalten muß, gegebenenfalls auch Dogmen über Bord wirft", von der "Veränderungs- und Handlungsfähigheit der SED, die durch Erich Honecker genährt wird", vom "Abbau der Berührungsängste zwischen SPD und SED, eine Voraussetzung für politisch sinnvolle Lösungen" und von dem Risiko "von den Konservativen in der Bundesrepublik diffamiert zu werden". Letzteres wurde von den Managern und selbsternannten Vordenkern in den schleswig-holsteinischen SPD-Reihen zum Anlaß genommen, im Vorstand mehrfach darauf hinzuweisen, daß die Kontaktaufnahme mit der SED so leise wie möglich zu geschehen habe, am besten "konspirativ" durch untere Chargen.

Günther Jansen: SPD-SED - ein überfälliger Dialog!

"... die aus der deutschen Geschichte wohlbegründeten Berührungsängste zwischen SPD und SED werden beim Thema Rüstung überlagert von der gemeinsamen Angst, ein drittes Mal vor der historischen Aufgabe des gemeinsamen Ursprungs in der deutschen Arbeiterbewegung zu versagen und ein weiteres Mal die gesellschaftlichen Kräfte im Widerstand gegen Krieg und Vernichtung zu spalten ... - ... niemand wird doch im Ernst vermuten, daß es der SPD Schleswig-Holstein um eine ideologische Verschmelzung gehe. ... wir wehren uns aber auch gegen den innenpolitischen Opportunismus in der Bundesrepublik, der die Formulierung von politischen Zielen schon deshalb ablehnt, weil diese politischen Ziele in gleicher Weise von Kommunisten genannt werden, oder genannt werden könnten."

(Günther Jansen, SPD-Landesvorsitzender in Schleswig Holstein, im April 1985 zu SPD-SED-Kontakten in der "Neuen Gesellschaft")

Erhard Eppler: SPD-SED - eine neue Dimension

"... was in der DDR als hoffnungsvoller Ausgangspunkt verstanden wird, darf bei uns nicht als Episode oder gar Schlußpunkt erscheinen ... Die statischen, starren, ungeschichtlichen Bilder vom aggressiven Feind, der nur durch die eigenen Waffen in Schach zu halten ist, muß dem Bild vom Gegner weichen, der an seinen anderen, für uns ärgerlichen Wertmaßstäben festhält, sich aber mit ähnlichen Aufgaben herumschlägt, sich dabei wandelt und im übrigen, genau wie wir, weiß, daß der Frieden unser aller einzige Chance bleibt ... Kein Wunder, daß die Dogmatiker auf beiden Seiten schockiert sind (über den SPD-SED-Dialog/d. Red.). Kein Wunder auch, daß der Bund der evangelischen Kirchen in der DDR Zustimmung bekundet. Denn dies ist der Vorstoß in eine neue Dimension von Friedenspolitik."

(Erhard Eppler, Vorsitzender der SPD-Grundwertekommission, im Oktober 1987 im "Deutschen Allgemeinen Sonntagsblatt")

Das gemeinsame SPD-SED-Papier (Auszüge)

"... beide Seiten müssen sich auf einen langen Zeitraum einrichten, während dessen sie nebeneinander bestehen, und miteinander auskommen müssen. Keine Seite darf der anderen die Existenzberechtigung absprechen. Unsere Hoffnung kann sich nicht darauf richten, daß ein System das andere abschafft. Sie richtet sich darauf, daß beide Systeme reformfähig sind und der Wettbewerb der Systeme den Willen zur Reform auf beiden Seiten stärkt ... es muß zum Normalfall werden, daß wir miteinander handeln, verhandeln und zusammenarbeiten, während wir gleichzeitig da offene und klare Kritik äußern können, wo nach unserem Verständnis der Wille zur Verständigung, die Menschenrechte und die Demokratie in anderen Bereichen verletzt werden ... die ideologische Auseinandersetzung ist so zu führen, daß eine Einmischung in die inneren Angelegenheiten anderer Staaten unterbleibt, jedenfalls gilt auch hier das Prinzip der souveränen Gleichheit, daß keine Seite in Anspruch nehmen darf, was sie der anderen nicht zubilligt."

(Das SPD-SED Papier entstand ab Frühsommer 1984 bis Ende 1986 in mehreren Treffen zwischen Mitgliedern der SPD-Grundwertekommission und SED-Theoretikern und wurde von beiden Seiten als Beginn eines "systemübergreifenden Dialogs" gefeiert)

Und so beschloß der Landesvorstand, den Landesgeschäftsführer Klaus Rave und den persönlichen Referenten des Landesvorsitzenden, Bernd Michels, für diese heikle Aufgabe nach Neubrandenburg zu schicken. Wir sollten die organisatorischen Vorbereitungen für die ersten offiziellen Kontakte zwischen einem SPD-Landesverband und den SED-Bezirken Rostock, Schwerin und Neubrandenburg treffen. Damals war die SPD-Schleswig-Holstein noch stolz, Vorreiter einer Entwicklung zu sein, die später auf Bundesebene zu einem gemeinsamen SED-SPD-Papier führen sollte. Sie wurde nicht müde, auch in Presseverlautbarungen darauf hinzuweisen, daß die von mir und Klaus Rave organisierten Treffen die ersten offiziellen Kontakte zwischen SED und SPD nach 1945 überhaupt gewesen waren, mindestens wohl die ersten, von denen die SPD zugab, daß es sie gab. Und ausgerechnet ich durfte einen solchen historischen Akt mit auf den Weg bringen?

Wer soll mir eigentlich heute glauben, daß das Zufall war? Damals glaubte ich es fast selbst nicht. Aber wer sollte daran gedreht haben? Hatten SED-Politbüro oder Mischa Wolf unbegrenzt Marionetten in der Bundesrepublik im Einsatz, zogen sie selbst dann die Drähte, wenn die Puppe sich von den Fäden gelöst hatte? Und was versprach man sich von einem ohne seinen Willen und ohne sein Wissen angeworbenen "Einfluß-Agenten" in einer Mission, deren Erfüllung dieser "Einfluß-Agent" im Sinne SED-orientierter Auftraggeber strikt abgelehnt hatte? Zusammen mit Klaus Rave fuhr ich gespannt und in der Erwartung Richtung Grenze, daß mir das bevorstehende Treffen Antworten auf solche Fragen geben würde. Zumindest erwartete ich aber, mir bekannte Gesichter vorzufinden.

Am Übergang Selmsdorf wurden wir freundlich erwartet. Klar, daß die offizielle DDR frohlockte, Leute mit so wichtigem Auftrag in der Republik begrüßen zu können. Grenzer wie SED-Vertreter hielten mich übrigens für den Chef unserer Zwei-Mann-Delegation. Dies geschah aus der ebenso einfachen wie nur in der DDR verständlichen Logik, daß jener, der ein Auto lenkt, immer unterhalb der Funktion dessen angesiedelt ist, der sich lenken und fahren läßt. Und ich saß nun einmal in Raves SPD-Dienstwagen auf dem Beifahrersitz.

In Neubrandenburg wurden wir in der SED-Bezirksleitung mit kummervoller Miene erwartet. Vor sechs Stunden schon hatten die

Grenzer unsere Einfahrt gemeldet, man hatte sich Sorgen gemacht, wir könnten verunglückt sein. Wir waren nicht darauf gefaßt, daß alle unsere Schritte in diesem Land registriert und gemeldet würden. In der Zwischenzeit hatten wir uns zu einem ausgiebigen Imbiß in Wismar niedergelassen, waren gemütlich auf falschen Straßen staunend durch die DDR gefahren, hatten die Republik beschnüffelt, die Rave fremder als mir, faszinierend hinterwäldlerisch, anheimelnd nachkriegsdeutsch erschien.

"Soso", sagte Ernst Albrecht, Agitationschef und Wortführer der wartenden SED-Delegation, mit gleichermaßen vorwurfsvoller wie mißtrauischer Attitüde, "Sie haben also erst mal unser schönes Land kennenlernen wollen, bevor Sie uns kennenlernen."

Das Vorstellungsritual begann, in der DDR wichtigster Akt und meist auch einziges Ergebnis jeder Konferenz. Protokollarisch waren die Genossen von der SED auf uns eingestellt. Kein Bezirksvorsitzender begrüßte uns, dafür aber ein Mann aus dem Berliner Politbüro, wissenschaftlicher Mitarbeiter, aber das kennen wir ja schon. Fünf Herren saßen uns dann im Inter-Hotel von Neubrandenburg gegenüber, in einer mit spanischen Wänden sorgfältig abgeschirmten Ecke des Restaurants, in der anders als im übrigen Teil nach unseren Wünschen serviert wurde.

Die SED bestellte Wodka satt und fragte nach den Themen, die wir uns so vorgestellt hätten. Das sei ja immerhin ein historisches Treffen, wir hätten eine große Verantwortung, "worum soll es denn nun gehen?" "Na, Umweltschutz, Kultur und Abrüstung", sagten wir, wie auf Bestellung. Das hätten sie sich auch schon gedacht, meinte Wortführer Albrecht, aber doch bitteschön mit der Priorität auf Abrüstung. Während der Vorspeise bekamen wir friedenspolitische Phrasen serviert, beim Hauptgang war man schon ein bißchen weiter: "Keine Frage, auch wir sind gegen die Stationierung sowjetischer SS 20 in unserem Land, aber das ist ja nur eine Reaktion auf die amerikanischen Pershings, und gemeinsame Resolutionen in dieser Sache: Freunde, Freunde, das müssen wir erst bei uns abstimmen."

Albrecht ließ offen, mit wem er öffentliche Erklärungen über das so vehement vorgetragene friedenspolitische Engagement seiner Partei abstimmen mußte. Aber der Mann aus Berlin, offenbar qua Amt und Funktion wesentlich gesprächiger und entscheidungsfreudiger als die anderen, verhalf uns zu der praktischen Einsicht, vor inhaltlichen Festlegungen öffentlicher SED-SPD-Verlautbarungen vielleicht erst einmal Ort, Datum und Rahmen jener Zusammenkunft zu bestimmen, von der doch beide Seiten ausgingen, daß sie politisch wichtig, wenn nicht sogar historisch sei. Beim Nachtisch waren wir soweit, dieses historische Ereignis "Seminar" zu nennen und auf der Ebene der Parteivorsitzenden stattfinden zu lassen. Als Ort wurde die parteieigene politische Bildungsstätte der SPD-Schleswig-Holstein festgelegt. Frühestens dort sollten dann deutschlandpolitische Maßstäbe von jenen gesetzt werden, die "legitimierter und berufener sind als wir", fügte Genosse Albrecht mit aller Bescheidenheit an. Er war vor allem darauf bedacht, sich sämtliche Rück- und Winkelzüge offen zu halten: "Kommen wir endlich zum gemütlichen Teil, noch einen Wodka?"

Natürlich redeten Rave und ich mehr über unsere Politik und Partei, über unsere Absichten und unsere Einschätzungen als die fünf vom roten Stern. Aber genauso natürlich dachten wir wenig darüber nach, was unsere Verhandlungspartner damit anfingen, oder ob gar jemand Protokoll für eine Akte führte. Und das lag nicht am Alkohol, sondern an der Unbefangenheit, mit der wir unseren Gesprächspartnern begegneten. Nach drei Stunden wurde teilweise geduzt, die Verbrüderung auf dieser Ebene war auf der "persönlich-menschlichen Ebene" zumindest für diesen Abend gelungen. Gegen 23 Uhr verabschiedeten sich die Herren fast so, als hätten sie jetzt noch einen Termin. Klaus Rave sah ihnen nach: "Wetten, Bernd, daß die jetzt eine gemeinsame Einschätzungs-Besprechung abhalten und die Ergebnisse nach Berlin durchgeben? Wie waren wir? Ich finde, wir waren cool, findest du nicht auch?"

Ich kam nicht dazu, darüber nachzudenken, denn kaum waren die SED-Emissäre weg, kamen ein paar Jugendliche aus dem Restaurant, räumten die spanischen Wände beiseite und setzten sich zu uns. Eine FDJ-Feriengruppe aus Thüringen seien sie, hier zusammen mit französischen Kommunisten in einem Ferienlager. "Stimmt es, was wir da gerüchteweise gehört haben, seid ihr wirklich von der westdeutschen SPD?" Stolz bejahten wir. Die Leute um uns herum wurden immer aufgeregter. Ob es auch stimme, daß wir hier mit SED-Leuten gesprochen hätten? Rave erklärte schon ein bißchen lallend das gemeinsame Vorhaben, reicherte es mit der heute so oft beschworenen historischen

Dimension und der Feststellung an, daß wir die feste Absicht hätten, unsere Friedensbewegung zur lodernden Flamme im real existierenden Sozialismus aufblühen zu lassen.

Die Begeisterung kannte keine Grenzen. Ein paar Franzosen mischten sich ein, verwundert darüber, daß es soviel verschiedene Deutsche gäbe. Wie den Amerikanern fehlte ihnen die Unterscheidungskraft, "gute und böse Deutsche" auseinanderzuhalten. Rave und ich waren an diesem Abend auch kaum in der Lage, die grundlegenden Unterschiede auf französisch darzulegen. Wir begnügten uns an der Freude der FDJler über die unverhoffte Perspektive deutscher Gemeinsamkeiten über Mauer und Stacheldraht hinweg. "Ich kann das gar nicht glauben, mag das gar nicht in meinem Kombinat erzählen, was ich hier erlebe. Sozialdemokraten und SED-Genossen an einem Tisch. Ja, warum steht das denn nicht in der Zeitung?" Rave wurde munter: "In unseren Zeitungen steht das schon. Ihr müßt eure Partei und deren Organe eben auch auf Trab bringen. Werden schon ihre Gründe haben, wenn sie so wichtige Sachen verschweigen." Unsere jungen Kommunisten-Freunde verstanden die Anspielungen nicht, in der "Jungen Welt" stünde doch alles, wenn die das wüßten, würden sie doch sofort eine Riesensache daraus machen. Das müßte den Bürgern der DDR doch gesagt werden, da würden doch alle jubeln, wenn SPD und SED gemeinsame Sache machten: "Habt ihr den Brandt schon mal in Wirklichkeit gesehen?" Sie fragten das so, als seien wir Auserwählte, die dem lieben Gott die Füße küssen durften.

Von Günther Jansen und Björn Engholm hatten sie noch nie gehört: "Ach die machen das. Weiß der Brandt denn davon?" Rave spielte den Empörten: "Glaubt ihr denn, bei den Sozialdemokraten könnte man etwas hinter dem Rücken von Vorstand und Basis beschließen und durchführen?" Mindestens letzteres schien für die FDJler keine Besonderheit zu sein. Die spontane Euphorie machte mehr und mehr Zweifeln Platz. "Aus Kiel seid ihr, aber bestimmen tun doch die aus Bonn. Willy Brandt und Helmut Schmidt, das ist schon was. Aber Björn Engholm, den kennt doch keiner."

Ein bißchen war ja schon an der Skepsis unserer kommunistischen Freunde dran, auch Rave und ich wußten nur zu gut, daß schleswig-holsteinische Sozialdemokraten mit ihren Meinungen und Aktivitäten nicht immer im alles bestimmenden Bundestrend lagen. Wir konnten wie die FDJler nicht ahnen, daß Björn Engholm acht Jahre später wichtiger als Brandt und Schmidt für die Sozialdemokratie und die Ex-DDR sein würde. Um ehrlich zu sein, hatte der diese deutschlandpolitische Initiative der schleswig-holsteinische Jansen-SPD auch eher mit Desinteresse und abwartender Vorsicht verfolgt. Nach dem Zusammenbruch der sozialliberalen Koalition und dem Verlust aller Privilegien als Bundesbildungsminister hatte sich Engholm mehr notgedrungen als begeistert in die Niederungen sozialdemokratischer Landespolitik begeben. Er wurde dort immer noch besser und ehrenvoller aufgefangen als alle anderen Kabinettskollegen im untergehenden Schmidt-Reich. Seine Devise war selbstbewußt und den Realitäten angemessen: Oppositionsführer in Kiel war materiell, kulturell und politisch immer noch mehr Lebensqualität und Perspektive als Oppositionsabgeordneter im Deutschen Bundestag. Zwar glaubte Engholm nicht ernsthaft an eine Ablösung der CDU-Dauerherrschaft in Schleswig-Holstein, doch konnte er sicher sein, als Chef der Opposition eine glaubwürdige und mindestens so erfolgreiche Rolle zu spielen wie Klaus Matthiesen, den er abgelöst hatte. Die SED- und deutschlandpolitischen Ambitionen seiner Landespartei verfolgte der clevere Lübecker zunächst lieber aus der zweiten Reihe, hielt sich wie in Sachen Kernkraft alle Optionen offen. Immerhin hatte er sich bereit erklärt, beim Zustandekommen der von mir und Klaus Rave organisierten SED-Kontakte mitzumachen, und einer entsprechenden SED-Delegation als zweiter Verhandlungsführer neben Günther Jansen entgegenzutreten.

Wir hatten beide einen dicken Kopf, als wir am anderen Morgen abermals die SED-Bezirksleitung aufsuchten. Genosse Albrecht hatte zum zweiten Frühstück geladen. Termine, Personenzahl, Unterbringung, Finanzen wurden schriftlich fixiert: Die "Seminar" genannte SED-SPD-Konferenz war aktenkundig. Getreu dem DDR-Motto "laß deinen Westbesuch nie allein, er könnte auf dumme Gedanken kommen" lud uns Albrecht zu einer Besichtigungstour ein, natürlich in schwarzer Limousine mit Fahrer. Damals, Anfang der achtziger Jahre, galten die in Plattenbauweise errichteten Trabantenstädte als ganzer Stolz sozialistischer Wohnfürsorge. Raves Einwänden, daß Beton und Einheitsnormen wohl nicht die menschenwürdigste Architektur sein könnte, begegnete der SED-Sekretär mit Zahlen und Daten, die immerhin bewiesen, daß heute mehr Familien in der DDR ein Dach über dem Kopf hätten als vor zehn Jahren.

Dann kamen wir an einem Panzer vorbei, der auf einem Betonsockel mit Fahnen verziert zum "Ehrenmal" gemacht worden war. "Zeigt das Rohr nach Westen?" Meine Frage war ironisch gemeint, aber Ernst Albrecht reagierte fast zornig und ließ anhalten. Ich erzählte ihm, daß ich als Kriegsdienstverweigerer einmal eine Demonstration gegen eine amerikanische Rakete in Delmenhorst organisiert hätte, die auf einem Podest vor einer Bundeswehrkaserne mit Blasmusik und Ehrenformationen eingeweiht werden sollte und die gen Osten gerichtet war. Solch militärischer, aggressiver Firlefanz sei ja wohl in beiden Lagern zu bekämpfen, meinte ich. Der SED-Agitator widersprach. Das mit meiner Demo gegen die Ami-Rakete ginge in Ordnung, aber man könne diesen Panzer beim besten Willen nicht mit einem US-Aggressions-Denkmal vergleichen. "Denn seht mal", und damit nahm Albrecht Rave und mich wie zwei Konfirmanden an die Seite, "dieser Panzer ist fast vierzig Jahre alt. Als der hierher nach Neubrandenburg kam, da war ich fünfzehn Jahre alt, war aus dem Volkssturm getürmt, hatte mich mit Frauen und alten Männern seit Wochen vor der SS in den Wäldern, in Kellern und auf Dachböden versteckt. Diese Panzer", und damit zeigte der SED-Mann auf den roten Stern am Bug der Kampfmaschine, "der hat uns befreit. Und der steht hier als Symbol gegen den Faschismus, und auch wenn euch das sonderbar erscheint, gegen den Militarismus." Albrecht hatte uns beide beeindruckt, obwohl wir diese Art der Denkmalgestaltung nach wie vor für bedenkenswert hielten, und ihm das auch sagten. Der Dialog zwischen SED und SPD, das ahnten Rave und ich nach unserer Neubrandenburg-Reise, würde auch unterschiedliche geschichtliche Erfahrungen und eingefahrene Diktionen überwinden müssen.

In den Wochen danach hatten Rave und ich alle Hände voll damit zu tun, das "Seminar" und seine möglichen öffentlichen Folgen zu planen und in der SPD Schleswig-Holstein vorzubereiten. Fragen über Fragen: Konnte man eine gemeinsame Pressekonferenz wagen, und was sollte dort verkündet werden? Die Genossen aus der Landtagsfraktion, Engholm eingeschlossen, produzierten wieder einmal das beliebte sozialdemokratische Profilierungsspiel: 'Vorsicht vor neuen Schritten, doch wenn sie zum Erfolg führen, müssen wir sie gegangen sein'. Einerseits machten die Bedenkenträger des Fortschritts geltend, daß das gemeinsame öffentliche Auftreten des SPD-Landesvorsitzenden Günther Jansen mit SED-Bezirksvorsitzenden der Kreise Rostock, Schwerin und Neubrandenburg in der Presse leicht als Verbrüderung mit Kommunisten dargestellt werden könnte. Andererseits könnte der fast zeitgleich stattfindende offizielle Besuch der SPD-Landtagsfraktion in der DDR, bei dem, wie die Fraktionsführung nicht ohne Stolz verkündete "sogar ein Honecker-Empfang im Bereich des Möglichen" liege, publizistisch leicht hintenrüberfallen, wenn die Partei so spektakuläre Pressekonferenzen veranstalte. Die SED erlöste die Landes-SPD aus dem Zielkonflikt, indem sie kurz und knapp mitteilte, daß "Pressetermine vor, während und nach dem Seminar" nicht gern gesehen würden.

Die Taktik, die die Landespartei bei dem Seminar anwenden wollte, baute auf der Erfahrung auf, daß eine kommunistische Delegation in geschlossenen Räumen und in gegenseitiger Kontrolle ihrer einzelnen Mitglieder am besten in ihre Einzelteile zerlegt zur Preisgabe ihrer wahren Ansichten und Absichten animiert werden könnte. Daher sollte das Programm so gestaltet werden, daß möglichst viele Einzelgespräche mit den SED-Leuten ohne die Kontrolle des Delegationsleiters möglich waren. Man kam auf Kneipenbesuche und Waldspaziergänge, beim Essen sollte auf die Einhaltung einer "bunten Reihe" geachtet werden. So sollte am Rande der offiziellen Ergebnisse durch die Zusammenfassung aller Privatgespräche ein wahres Stimmungsbild über die Zusammenarbeit mit der SED und den friedenspolitischen Absichten des neuen Partners entstehen. Tatsächlich entstand nach dem SED-Besuch dann auch ein Protokoll der offiziellen und inoffiziellen Erkenntnisse sowie einer Einschätzung der einzelnen Personen und dem schadenfrohen Hinweis, daß Delegationschef Ernst Albrecht Mühe gehabt hätte, seine Schäfchen zusammen und unter Kontrolle zu halten. Politik als Indianerspiel hat es nicht nur jenseits der Elbe geben.

Meine Indianer, nach denen ich in Neubrandenburg vergeblich Ausschau gehalten hatte, hielten auch dann noch Funkstille, als jene friedenspolitische SPD-SED-Zusammenarbeit, von der einst in Helsinki die Rede war, als Initiative der schleswig-holsteinischen Genossen auch unter Nennung meines Namens in den Zeitungen publik wurde. Darauf konnte ich mir nun gar keinen Reim machen. Denn entweder

Grundlage und Absichten meiner DDR-Freunde waren so, wie sie mir dargestellt hatten, dann spräche ja nun nichts mehr gegen eine offene Fortsetzung dieser Kontakte ohne konspirative Treffen im Ausland. Oder meine Gesprächspartner standen doch im Sold des Mischa Wolf, dann müßte es aus deren Sicht nach dieser Entwicklung der SPD-SED-Gespräche und meiner offensichtlichen Beteiligung doch ein ziemlich großes Interesse geben, den vor mir abgebrochenen Kontakt wieder aufzunehmen. Oder war ich am Ende nicht wichtig genug?

Damit keine Mißverständnisse entstehen: Es gab bei mir keine neu erwachte innere Bereitschaft, für die Genossen aus Ostberlin in irgendeiner Weise tätig zu werden. Aber ausgelöst durch die nun offiziellen Kontakte war sowohl mein DDR-Interesse als auch die Neugier über den wahren Hintergrund meiner "Anmache" wiedererwacht. Anders als vor ein paar Jahren hatte ich längst wieder Boden unter den Füßen, hatte jahrelang kein Spielkasino besucht. Mein Selbstbewußtsein gegenüber den wahrscheinlichen, möglichen oder sogar ehrenwerten Machenschaften meines Onkels, Rolfs, Bigalkes, Jürgens oder Wolfgangs war von der Art, die sagt: Ich höre eure Rede, aber ich tue, was ich will.

Ich sollte Gelegenheit bekommen, dieses Selbstbewußtsein in die Praxis umzusetzen. Die Genossen von der anderen Seite wählten die konzertierte Aktion. Fast fünf Jahre nach der Kopenhagener Damenwahl meldete sich im Mai 1984 Klaus-Peter Bigalke unter dem Namen "Peters" am Telefon im SPD-Büro. Als wäre in der Zwischenzeit nichts geschehen, fragte er nach meinem Befinden und nach alten Zeiten, die man doch nicht so einfach vergessen könnte. Da wäre ein "Klassentreffen" geplant, ob man auf mich rechnen könne? Ich amüsierte mich über den Begriff "Klassentreffen", lachte und gab zu bedenken, daß ich vor dem Abitur abgegangen wäre. Bigalke verstand: "Na, deinen Witz hast du ja wieder. Schön für dich. Wir freuen uns. Getränke gibt's umsonst." Dann legte er auf. Keinen Ort, keinen Termin, was sollte das?

Ich mußte nicht lange darüber grübeln, denn knapp eine Woche später meldete mir meine Sekretärin einen Herrn Fischer an. Er war einfach in mein Büro gekommen, so, als wäre er irgendein Ortsvereinsvorsitzender, der mit mir über Partei- und Öffentlichkeitsarbeit reden wollte. Wieder einmal sei er zufällig in der Gegend, wollte sich nur nach meinem Befinden erkundigen: "Deine Schwierigkeiten und Probleme hast du ja inzwischen überwunden, prima, Bernd." Ein bißchen war ich doch beunruhigt. Sein Anorak, sein Tragetäschchen, seine Sprache, das war doch DDR-Look zehn Meilen gegen den Wind. Andererseits auch wieder clever: Wer vermutet so was, wenn selbst ich nicht damit rechne? Einen Moment nahm ich die Situation auch als Zeichen, daß die konspirativen, geheimniskrämerischen Praktiken meiner DDR-Freunde endlich normalen Umgangsformen weichen würden, doch Wolfgang Fischer belehrte mich eines besseren. "Das Klassentreffen findet wieder in Helsinki statt."

Wie schon festgestellt, war Wolfgang Fischer nicht der Mann für Drohungen. Auf meine Fragen nach Sinn und Unsinn heimlicher Treffen in Zeiten öffentlicher SED-SPD-Kontakte deutete er dann jedoch nebulöse Konsequenzen für den Fall an, daß ich nicht käme. Zum ersten Mal sprach er davon, daß der DDR-Geheimdienst bei unseren Kontakten natürlich tangiert sei. Auf diesem Gebiet ginge nichts ohne die HVA. Westreisen und Westkontakte hätten die im Griff, auch wenn es um politische Initiativen der SED-Führung ginge. Und in letzter Zeit habe es da ein paar Vorfälle gegeben, wahrscheinlich Überläufer, so genau würde man ihm das auch nicht erzählen, bei denen Rolf nicht ausschließen wollte, daß BND und Verfassungsschutz über unsere Kontakte und über den SPD-Sprecher Michels Tips bekommen hätten. Das sei auch der wahre Grund, warum man sich so lange nicht gemeldet hätte.

Sollte das heißen, daß ich längst überwacht wurde? Aber warum war dann nichts passiert, hatte man mich nicht einmal verhört? Wolfgang Fischer beruhigte mich: "Selbst wenn da geplaudert worden ist, was soll schon sein? Als Journalist hast du ganz normale Kontakte gehabt, und seinen Onkel aus der DDR zu treffen, ist ja wohl auch nicht strafbar. Aber wenn du wirklich wissen willst, was BND und Verfassungsschutz in deiner Sache gemacht haben oder noch machen, dann solltest du mit Rolf darüber reden." Ich schüttelte den Kopf über diese seltsame Logik, doch Fischer schmunzelte: "Natürlich hat Rolf die besten Beziehungen zur HVA, und die haben ihre Leute in euren Nachrichtendiensten, verstehst du nun?" Die Sache wurde immer unheimlicher, zugegeben aber auch immer spannender.

Seit Guillaume hielt ich nichts mehr für unmöglich. Früher hatte ich mir oft Gedanken über andere heimliche SED-Kontakte in meinem direkten Umfeld gemachte, weil manches, was Bigalke oder Fischer mir über mich erzählten weder von mir noch aus allgemein zugänglichen öffentlichen Quellen stammte. Nun dachte ich darüber nach, wie weit und wie umfänglich dieses Netz, in dem ich mich verfangen hatte, auch über andere bundesdeutsche Institutionen gespannt war.

Wenn ich heute meinen Motiven nachspüre, die mich im Juli 1984 zur Reise nach Helsinki zum sogenannten "Klassentreffen" veranlaßt haben, dann waren es weniger Angst oder Unsicherheit vor den Folgen eines Nichterscheinens, als vielmehr Neugier und Abenteuerlust, etwas von jenem Netz zu erfahren, das offenbar allgegenwärtig in der Bundesrepublik gespannt, mehr Einfluß auf Politik und Gesellschaft besaß, als ich das bisher für möglich gehalten hatte. Die Risiken einer solchen Reise schätzte ich auch deshalb gering ein, weil ich sie schon einmal ohne Folgen gemacht hatte, oder anders gesagt - weil es - wenn denn bundesdeutsche Dienste sowieso schon Bescheid wußten - auf einmal mehr oder weniger dann ja auch nicht mehr ankam.

Natürlich war mein Onkel wieder nicht da. Er wurde mehr und mehr zum grüßenden Geist einer mir tatsächlich fremden Macht, zumal Rolf mir eröffnete, daß Kollege Günther seit ein paar Jahren im Ausland in wichtiger Mission tätig sei. Er nickte mit dem Kopf, als ich aufs Blaue die Sowjetunion nannte. Dann spielte sich das "Klassentreffen", an dem auch Jürgen und Wolfgang teilnahmen, fast wie eine Kopie des 79er Helsinki-Aufenthalts ab: die gleichen Orte, von der Nobel-Disko bis zu der Sportanlage im Wald, immer noch Friedenspolitik und heimliches Drähteziehen im Schatten der nun offiziellen politischen Kontakte, wieder die schwarze Limousine mit Fahrer und das unbestimmte Gefühl, daß es hier mehr darum ging, daß sich die Genossen aus dem grauen sozialistischen Alltag für ein paar Tage erholen wollten.

Als Rolf mich auf meine Spielsucht ansprach, mich fast väterlich an meine Verantwortung gegenüber meinem Sohn und an die eigene gesellschaftliche Stellung erinnerte, nannte er gleichzeitig Details aus den von Günther Jansen konzipierten Lösungsmodellen. Nun hielt ich die Situation für gekommen, ihn auf seine DDR-Geheimdienst-Connection anzusprechen. Und siehe da, jetzt wurde Klartext geredet.

Wolfgang Fischer und Klaus-Peter Bigalke seien das, was sie immer vorgegeben hätten, was sich schon daraus ergebe, daß sie mit ihren echten Nachnamen agierten. Er und Jürgen dagegen seien in einer Art "Westbüro" der SED angesiedelt, das eng mit einer entsprechenden Abteilung in der HVA zusammenarbeite: "Anders ist so was doch gar nicht möglich, deshalb müssen wir, Jürgen und ich, uns auch den Spielregeln der HVA unterwerfen, dürfen unsere Nachnamen und Adressen nicht nennen." Andererseits sei das ja auch ein Sicherheitsfaktor für mich, wüßte er doch über seine Verbindungen ganz genau, wie die bundesdeutschen Sicherheitsorgane arbeiteten, und ob die mich auf der Pfanne hätten: "Da läuft gar nichts. Warum auch?" Ich fragte Rolf direkt, wer ihm alle die Interna erzählt, die aus meinem direkten Umfeld eigentlich in Ostberlin gar nicht bekannt sein könnten, fragte nach dem Sinn solcher Heimlichen Informationen.

"Na das haben wir dir doch nie verschwiegen, daß du nicht der einzige bist, mit dem wir zusammenarbeiten. Du würdest sicher staunen, wenn du die Namen hören würdest. Aber einmal ehrlich: Wäre es dir recht, wenn ich denen sagen würde, übrigens habe ich den Bernd Michels letztens in Helsinki getroffen?" Das war einzusehen. Allerdings beflügelten Rolfs Erzählungen meine Phantasie.

Dann ging es mit dem Indianerspiel zur Sache. Rolf und Jürgen setzten sich zu einem "dringenden Termin" ab, Wolfgang fuhr mit mir in die Wildnis. Am steinigen Strand vor der Bucht von Helsinki packte er nicht nur Kuchen und Cola aus seiner Umhängetasche, sondern auch eine Spraydose zur Enteisung von Autotüren. Wir hatten Juli, und derartiges Werkzeug war hier völlig fehl am Platz. Dann klärte mich Wolfgang auf. In der Spraydose seien ein paar nützliche Dinge, die es mir erlauben sollten, unabhängig vom Telefon Kontakt mit Rolf oder Jürgen aufzunehmen. Es waren ein Mini-Code-Buch und Papierstreifen mit fünfstelligen Zahlenkolonnen. Dann ein Minirechner, der an eine Art Telefonmuschel angeschlossen als sogenannter "Schnellgeber" Zahlenkolonnen in wenigen Sekunden übermitteln konnte. Als Wolfgang mit dem Schnellkurs zur Bedienungsanleitung dieser Geräte ansetzen wollte, unterbrach ich ihn: "Ihr glaubt doch wohl nicht im Ernst, daß ich so was benutze."

Wolfgang war das Unternehmen sichtlich unangenehm. Er mache hier doch nur, was man ihm aufgetragen hätte. Dann wurde er kumpelhaft: "Wir wissen doch beide, was wir davon zu halten haben, aber ernsthaft aussteigen aus dieser Firma können wir doch auch nicht. Tu mir einen Gefallen, nimm das Zeug und sage zu allen Fragen von Rolf und Jürgen, du würdest es dir wenigstens überlegen. Benutzen mußt du das ja nicht." Das war ohne Zweifel der bequemste Weg, zumindest hier in Helsinki. Als wir uns am Abend mit Jürgen und Rolf zum Essen in einem Garten-Restaurant trafen, fragte mich Jürgen, wie mir das 'Spielzeug' gefalle. "Für so was bin ich zu alt." Und als Rolf mich fragend anblickte, fügte ich hinzu: "Ich glaube nicht, daß ich damit umgehen kann." Er lächelte: "Oder willst?" Dann wechselte er das Thema. Ob ich mir schon einmal überlegt hätte, daß in Bonn oder Düsseldorf viel interessantere Politik von viel interessanteren Politikern gemacht würde. Die ewige Opposition in Schleswig-Holstein müßte mir doch bald mal auf die Nerven gehen. "In Bonn hättest du doch ganz andere Perspektiven, bei deinen Fähigkeiten. Und Düsseldorf, da müßte doch auch was drin sein. Matthiesen ist ein kommender Mann. Paß mal auf, der ist in ein paar Jahren ganz oben."

Die Reise nach Helsinki hatte sich also gelohnt. So offen hatten die Genossen vom roten Stern noch nie ihre Absichten offenbart. Sie glaubten wohl, daß sie mich jetzt völlig im Sack hätten. Ich spielte mit. "Wer sagt denn, daß ich in Bonn auch genommen werde, wenn ich mich bewerben würde, mal ganz abgesehen davon, daß eine Stelle frei wäre?" Jürgen beugte sich verschmitzt zu mir: "Wir sagen dir das."

Komischerweise empfand ich weder Angst noch Zorn bei diesen Offenbarungen, war eher amüsiert über die Vorstellungen meiner Gegenüber: "Ich werde das Gefühl nicht los, daß ihr einen neuen Guillaume braucht und ausgerechnet auf mich gekommen seid, habe ich recht?" Jürgen war die Freude richtig anzusehen: "Ja, das wäre schon was, damit könnten wir Geschichte machen." Rolf sah ihn warnend an, spürte wohl, daß ich die Begeisterung in Wahrheit nicht teilte. Aber ich setzte noch einen drauf: "Seit Bigalkes falschem Paß in Kopenhagen habe ich ja schon immer den Verdacht gehabt, daß ihr in Wahrheit zu der legendären Truppe vom Mischa Wolf gehört, habe mich nur gefragt, warum ihr nie konkrete Aufträge an mich gegeben habt, nie etwas haben wolltet. Jetzt weiß ich es: Ich sollte mich wohl zu so was wie einem Einfluß-Agenten entwickeln. Da kann man ja fast stolz sein auf die vermuteten Fähigkeiten. Wann gibt es eigentlich den nächsten Orden?" Der letzte Satz hatte Rolf deutlich gemacht, daß er nicht sicher mit mir rechnen konnte. Ganz ernst sagte er: "Überlege dir ganz genau, was du tust. Wir sind deine Freunde."

Die lange Fährfahrt zurück nach Lübeck habe ich sehr genau überlegt, was ich jetzt machen sollte. Die Offenbarung bei bundesdeutschen Diensten erschien mir nach dem, was ich bisher über den DDR-Geheimdienst und seine Möglichkeiten wußte, noch riskanter als vor ein paar Jahren. Einfach mitmachen, dazu wäre ich nicht der Typ. Meine vorläufige Lösung hielt ich dann für fast genial. Man konnte den Brüdern aus dem Osten auch noch anders einen Strich durch die abenteuerliche Rechnung machen.

Wieder zu Hause in Kiel setzte ich mich an meinen Schreibtisch und schrieb einen persönlichen Brief an Günther Jansen. Darin bat ich ihn, unsere Zusammenarbeit möglichst bald zu beenden. Nach fast zehn Jahren politischer Referententätigkeit hätte ich bei mir festgestellt, daß ich für die Politik weder tauge noch auf Dauer Lust dazu hätte. Ich wüßte, daß ich ihm eigentlich versprochen hätte, bis zum Ende seiner Amtszeit als SPD-Landesvorsitzender bei ihm zu bleiben, wäre aber nach reiflicher Überlegung zu dem Schluß gekommen, daß ich nur jetzt und sofort eine Chance hätte, wieder zurück in den Journalismus zu gehen. Der Ausbau der Landesprogramme beim NDR wäre für mich, nun schon fast vierzig Jahre alt, so ungefähr die letzte Chance, noch einmal neu anzufangen. Ich bat ihn, mich bei diesem Vorhaben zu unterstützen.

Günther Jansen war über den Brief nicht gerade erfreut. Ich sollte mir das Ganze doch noch einmal überlegen, aber wenn ich wirklich wollte, würde er mir helfen. Er half.

Ein halbes Jahr später war ich beim NDR.

1988: Ferien mit der Stasi

Mai 1992: Rund sechs Monate nach meiner Festnahme am Frankfurter Flughafen, dem ausgesetzten Haftbefehl des Karlsruher Ermittlungsrichters und den vielen Schlagzeilen über den "Top-Agenten" Bernd Michels habe ich weder von der Bundesanwaltschaft noch vom Bundeskriminalamt auch nur einen Piep gehört. Mehrmals hat mein Anwalt inzwischen Akteneinsicht beantragt. Die Anfragen blieben unbeantwortet. Offenbar ist dies kein Einzelfall. Andere bundesdeutsche Journalisten, wie der ebenfalls unter dem Verdacht der Geheimdiensttätigkeit für die DDR stehende SPIEGEL-Redakteur Diethelm Schröder, warten schon länger als zwei Jahre auf den Fortgang ihrer Verfahren. Über die Gründe für das lange Schweigen aus Karslruhe gibt es verschiedene Spekulationen. Einmal schafft die Flut der sogenannten "Agenten-Enttarnungen" offenbar Bearbeitungsschwierigkeiten, zum anderen versucht die Bundesanwaltschaft nicht nur beschuldigte Westdeutsche, sondern auch deren Anwerber oder Führungsoffiziere aus der Ex-DDR anzuklagen. Das schafft sowohl rechtliche als auch politisch-praktische Probleme.

Zum Beispiel in meinem "Fall" Bigalke: von der sozialistischen Christenunion ohne Umweg in die katholisch-kapitalfreudige CDU des Helmut Kohl, vom Chefredakteur einer sozialistisch angehauchten CDU-Zeitung auf dem direkten Wege zum Regierungssprecher im Kabinett der freien DDR, vom nebenberuflichen Stasi-Mitarbeiter schnurstracks zum Kronzeugen der Generalbundesanwaltschaft. Und das Ganze in weniger als 18 Monaten. Deutsche Karrieren entwickeln sich gelegentlich in einem Tempo, dem die Organe der Rechtspflege im vereinten Vaterland nur mit Mühe folgen können. Manchmal überholen sie in Sachen Verfassungstreue und freiheitlich-demokratischer Gesinnung auch diejenigen, die von ihnen einst gegen die Bundesrepublik in Stellung gebracht werden sollten. Immerhin hat Bigalke heute einen echten bundesdeutschen Paß. Meiner wurde mir abgenommen.

Zu Bigalkes Ehren muß ich dieser Feststellung die Schilderung meiner letzten Begegnung mit ihm im geteilten Deutschland hinzufügen und damit dem heute gängigen Bild von Stasi-Mitarbeitern und ihrer pauschalen öffentlichen Verurteilung meine persönliche Erfahrung entgegenhalten. Wie schon gehabt, war es in Kopenhagen. Wolfgang Fischer, der mir die große Enttäuschung Rolfs nach meinem Weggang von der SPD auch mit dem Entzug aller geheimdienstlichen Kostbarkeiten, wie der Spraydose samt Inhalt, drastisch vor Augen führte, hatte den "Treff" arrangiert. Bigalke bewegte sich in einem Steak-House nahe dem Tivoli zunächst auf der gleichen Ebene. Er nannte mich einen Träumer, wenn ich dächte, man könnte "aus der Firma so einfach aussteigen", wie ich das so offensichtlich vorhätte. Dann wurde er wieder zum Kumpel, sagte plötzlich: "Du weißt gar nicht, wie recht du hast." Wir beide seien doch alte Hasen im deutsch-deutschen Geschäft, er schon etwas länger als ich. "Weißt du, die in der Normannenstraße haben mir den Himmel versprochen und sind seit Jahren nicht in der Lage, mir eine vernünftige Drei-Zimmer-Wohnung zu besorgen. Rolf und Jürgen leben doch in einem Apparat, der uns benutzt, um Ehren und Beförderungen zu bekommen. Ich, mein lieber Bernd, seile mich genauso ab wie du. Ich werde jetzt Chefredakteur in meiner Zeitung und werde da meinen Weg ohne diese Betonköpfe von Mielkes Gnaden machen. In Wahrheit finde ich das ganz prima, was du gemacht hast: Stimmt's nicht, du hast dich doch auch in den NDR verpißt, damit sie mit dir nichts mehr machen können?"

Das war 1986, mehr als drei Jahre vor der offiziellen Wende in der DDR. Bigalke ging mit solchen Sprüchen, wenn sie nicht abgesprochen waren, und ich weiß, daß sie es nicht waren, ein viel höheres Risiko ein als ich, wenn ich ihm zustimmte. Vor allem, weil Bigalke weiter aus dem Nähkästchen plauderte, Jürgen und Rolf der Illusion bezichtigte, wenn sie meinten, sie könnten mit ihrem Reformgeschwafel in der "Firma" wirklich etwas bewegen: "Die setzen auf den Zampano Mischa Wolf und kuschen gleichzeitig vor dem Genossen Mielke, von dem sie genau wissen, daß der schon gaga ist, wenn du verstehst, was ich meine. Diese Russenabhängigkeit habe ich bis obenhin satt. Die klauen uns die letzte Eisenbahnbohle, und wir sollen noch danke sagen. Der Gorbatschow, das sage ich dir voraus, der wird auch noch an diesen Betonköpfen scheitern: Am Ende geht es ums Fressen, und da versagen die Kommunisten. Sei froh, daß du auf der anderen Seite groß geworden bist, ich würde gerne mit dir tauschen."

Das war nun zweifellos mehr Offenbarung als man von einem Stasi-Instrukteur erwarten konnte, mit Sicherheit nicht auf Kalkül, sondern auf langjährige Bekanntschaft gebaut. Bigalke war froh, einmal Klartext zu reden, offenbarte mir den ganzen Schwindel von der Journalisten-Ebene bis zur Ausnutzung verwandtschaftlicher Beziehungen. "Du mußt nun wirklich keine Rücksicht auf die Freunde nehmen, sie haben auf dich ja auch keine genommen. Im Gegenteil, sie spielen intern doch die großen Strategen, machen dich größer und einflußreicher, damit sie wieder einmal verreisen dürfen." Bigalke erzählte von seiner Ehe, von seiner Geliebten, von seiner Tochter. Er habe sich abgefunden. Das einzige, wozu er Lust habe, sei seine Zeitung. Da gelte er etwas, müsse sein Können nicht verstecken. Er habe es satt, immer wieder neue Ausreden gegenüber Mitarbeitern und Familie zu finden, wenn er auf Reisen wie dieser für ein paar Tage verschwinde. Außerdem hasse er es, daß er nicht einmal ein Geschenk mitbringen könne, weil das seine wahre Nebentätigkeit verraten würde. Noch dazu, wo er mehr denn je davon überzeugt sei, daß der DDR-Sozialismus den Bach runtergehe, keine Perspektive habe: "Und die reden sich Jürgen und Rolf immer noch ein."

Dann hatte Bigalke einen Traum: Irgendwann einmal, wenn wir beide pensioniert seien, säßen wir auf einer Parkbank an der Ostsee in Kopenhagen, er als verdienter Chefredakteur der DDR, ich im öffentlich-rechtlichen Ruhestand. Die beiden Deutschlands würden dann vielleicht in gemächlicher Annäherung die Feindbilder wie liebgewonnene Reliquien einer einst verteufelten Erbschaft polieren: "Weißt du Bernd, dann hätte ich Lust, mit dir zusammen echte deutsche Memoiren zu schreiben. Von unseren Indianerspielen. Von den Lügen und der alles vernichtenden Bürokratie in diesem Scheißgeschäft. Da müssen Leute, die es gut meinen, drin untergehen, am Ende trauen die sich ja gegenseitig nicht mehr. Na, wäre das nicht ein Stoff für einen Agentenreport der anderen Art? Aber wahrscheinlich interessiert das kein Schwein, außer uns. Ne, Bernd, wir hätten viel zu lachen, später, ich fürchte nur: am meisten über uns."

An diesem Abend habe ich lange darüber nachgedacht, ob die Bigalke-Offenbarungen jetzt nur ein neuer Trick seien, meinen Standort zu prüfen, mich zu Zustimmung zu provozieren, um dann entweder die Finger von mir zu lassen oder mehr als bisher von mir zu verlangen. Das wahre Ausmaß der Überwachungs- und Kontrollorganisation "Stasi" im DDR-Staat konnte ich nicht ahnen, dennoch konnte ich es in den nun von Bigalke offen dargestellten Geheimdienstkreisen vermuten. So entschloß ich mich, meine Unsicherheit über Bigalkes kritische Selbstanalyse mit einem eigenen Trick zu beseitigen. In einem war sich Bigalke treu geblieben: in der Vorliebe für das rote Plüsch-Lokal mit samtbezogenen Tischtelefonen und Damenwahl. Sieben Jahre nach dem unglücklichen Fall seiner Hängetasche und meiner Entdeckung, daß mein DDR-Freund mit bundesdeutschen Pässen zu verreisen pflegte, bat ich den sozialistischen Christdemokraten zum wohl einstudierten Tango: "Klaus-Peter, ich werde dir jetzt was erzählen, was du bestimmt nicht gerne hörst." Vor Aufregung brauchte ich erst einmal einen Schluck Bier, während Bigalke interessiert, aber keineswegs beunruhigt zuhörte: "Du hast mir da einiges über die Normannenstraße und Jürgen und Rolf erzählt, was dich in große Schwierigkeiten bringen kann." Bigalke war verblüfft, steckte sich eine Zigarette an, obwohl er Nichtraucher war. "Wie meinst du das?" Ich wurde ruhiger, dachte, ich sei auf dem richtigen Weg: "Na, hast du dir noch nie überlegt, daß nicht du auf mich, sondern vielleicht ich auf dich angesetzt bin, in unserem eigenen Laden?" Er drückte die Zigarette wieder aus, sah mich mit großen Augen an: "Und?" Ein bißchen zu leise und mit zu gesenktem Kopf gab ich ihm Zunder: "Vielleicht will die Normannenstraße ja von mir wissen, wie du in Wahrheit über sie denkst, findest du alle deine Sprüche fein säuberlich in einem Protokoll wieder, das ich über unser Treffen gemacht habe." Bigalke ließ sich keine Sekunde bluffen, lachte laut los: "Du bist wirklich ein Träumer, Bernd. Sollte das ein Test sein, oder was? Auch wenn sie dich verarscht haben, so perfekt ist der Apparat ja nun auch wieder nicht. Und das kannst du mir glauben, ich habe mich damit viel länger beschäftigt als du. Darauf, daß sie dich auf mich angesetzt haben könnten, war ich mal vor zwölf Jahren vorbereitet." Bigalke zog mit dem rechten Ringfinger ein Augenlid runter: "Holzauge sei wachsam. Aber ehrlich, wer dich ein bißchen kennenlernt, der kommt ganz schnell darauf, daß du für Aufträge dieser Art völlig ungeeignet bist." Und dann setzte er noch hinzu: "Eigentlich auch für jeden Geheimdienst." Das wollte ich näher erläutert wissen, empfand es fast als Diffamierung. Und Bigalke plauderte weiter aus dem Nähkästchen: "Na, ohne deinen Onkel wären die doch nie auf dich gekommen. Du trinkst viel, redest viel, hörst den Biermann und die Wegner aus Überzeugung, bist der Anti-Militärtyp bis zum Gehtnichtmehr, findest Chaoten interessant und schwärmst vom Kinderladen. Was glaubst du, was Rolf und Jürgen Probleme haben, mit dir zurechtzukommen, sie sind schließlich Offiziere."

Nie war mir Bigalke sympathischer als an jenem Septemberabend 1986. Ich hatte ihn jahrelang unterschätzt, in ihm immer nur den Spießbürger gesehen, der zunächst über Westkontakte und Westreisen nur dem tristen DDR-Alltag entrinnen wollte, eine Art "James Bond für Arme". Für mich war er auch der Opportunist sozialistischer Prägung gewesen, der den Apparat für den Vorteil nutzte, gleichzeitig aber in sicheren Gewässern seinem Anti-Kommunismus freien Lauf ließ. Bigalke war weder Kommunist noch Antikommunist; er richtete sich sein Leben mit den Mächtigen ein, ohne sich ihnen hinzugeben. Er glaubte an gar nichts, außer an die Freuden von schönem Wetter, schönen Wohnungen und schönen Frauen. Und so ist wohl auch seine wundersame Karriere nach der Wende in der DDR zu verstehen: Ob Kohl oder Honecker, Sozialismus oder Marktwirtschaft, Stasi oder BKA, Bigalkes Motto blieb "Nur wer mitmacht, kann gewinnen". Die olympische Devise vom Dabeisein, ohne für Siege zu schuften, empfahl Bigalke auch in meinem Fall. "Richtig offen aussteigen kannst du doch gar nicht mehr, fragt sich ja jeder, warum du so lange mitgespielt hast. Heimlich bei euren Behörden vorsprechen, das wird gefährlich und du kannst nie wissen, ob unsere Leute das rauskriegen. Sie haben ja genug Typen in euren Diensten. Weitermachen, hinhalten, das ist das Beste." Ich fragte Bigalke, ob er noch nie mit dem Gedanken gespielt hätte, in den Westen zu gehen. Er nannte gleich mehrere Gründe für seine Heimatliebe. Das sei ihm auch zu gefährlich, der Arm der HVA sei lang. Außerdem fühle er sich ja gar nicht unwohl im Arbeiter- und Bauernstaat, als Westjournalist käme er bestimmt nicht zurecht. Und dann wäre da noch seine Tochter. Am überzeugendsten aber war sein letztes Argument: "Warum kommst du nicht zu uns, lebst in der DDR?"

Es war das letzte Mal, daß ich Bigalke gesehen habe. Columbo vom BKA erzählte mir beim Bier in Karlsruhe, daß der Christdemokrat inzwischen Dezernent für Wirtschafts- und Marktfragen irgendwo in

Thüringen sei, man habe ihm Diskretion zugesichert: "Muß ja nicht jeder wissen, daß er einmal Stasi-Instrukteur gewesen ist. Schließlich hat der Mann Familie."

Juni 1992: Die Arbeit an diesem Buch geht nur schleppend voran. Schleswig-Holstein wird zur Zeit von der längsten Schönwetterperiode seit einhundert Jahren heimgesucht, und es ist Fußball-Europameisterschaft. Heute spielt das vereinte Vaterland gegen die zerfallene Sowjetunion. Aus dem Fernseher dröhnt "Freude schöner Götterfunken". Ich überlege, für welche Mannschaft diese Hymne eigentlich gespielt wird. Haben die Schweden das Deutschlandlied verboten? Nein, die Zeiten haben sich geändert. Der Reporter kommentiert das nicht, spekuliert statt dessen über einen Spieler der "Gemeinschaft unabhängiger Staaten" (GUS): "Seine Mutter ist aus der Ukraine, sein Vater aus Litauen: In welcher Nationalelf wird dieses Talent später spielen?" In Wahrheit spielen fast alle GUS-Spieler für Geld, in Spanien, Italien, Holland, England, Frankreich, der Schweiz und Schottland. Und auch die drei Jungtalente aus Moskau hoffen auf die Beobachter, die "entdecken" und Lire, Peseten oder D-Mark zahlen. Kein Wunder, daß bei solcher Motivation wenigstens auf dem grünen Rasen dem untergehenden roten Stern ein Unentschieden vergönnt bleibt. Eins zu eins heißt es 1992 und erinnert mich an ein ähnlich unentschiedenes Spiel vor vier Jahren.

Fußballeuropameisterschaft 1988 in der Bundesrepublik: Zwei Monate zuvor hatte die SPD Schleswig-Holstein den höchsten Wahlsieg aller Landesparteien in der Nachkriegsgeschichte gelandet, war nach fast vierzig Jahren zum ersten Mal Regierungspartei in Kiel. Dank Barschel begann die unaufhaltsame Karriere des Björn Engholm. Was Wunder, daß sich die Genossen aus jenem Berlin wieder meldeten, das sich schon damals Hauptstadt nannte. Wolfgang Fischer unterbrach seine Leipziger Politik-Vorlesungen für zwei Tage, suchte mich heim und empfahl mir, Urlaub in Griechenland zu machen. An einem Sonnabend um zwölf Uhr mittags sollte ich mich am Olympia-Stadion von Athen einfinden. Ich würde dort von Jürgen und Rolf erwartet: "Die freuen sich schon riesig. Verdirb ihnen das nicht."

Ein bißchen Nostalgie, ein bißchen Neugier, ein bißchen Anpassung: Ich fuhr. Leider hat Athen zwei Olympia-Stadien, ein historisches und ein modernes Fußballstadion, und vor letzterem fand ich mich ebenso pünktlich wie vergebens ein. Die Pannen ausschließende Vorbereitung von Agententreffs war jedenfalls Mischa Wolfs-Wundertruppen Sache nicht. Wie in einer Millionen-Metropole Leute treffen, wenn man sich verpaßt hat? Am Abend des verpatzten Treffens setzte ich mich, einer intuitiven Logik entsprechend, auf Athens belebtesten Platz in ein Straßencafé mit der sicheren Erwartung, daß genau an dieser Stelle in den nächsten vier bis sechs Stunden Jürgen und Rolf vorbeilatschten. Es funktionierte schon nach dem ersten Bier. Was waren wir stolz, als wir uns gefunden hatten. Doch die ersten Fragen galten weder der großen Politik noch dem kleinen Geheimdienst-Einmaleins. "Mensch, Bernd, laß uns ganz schnell sehen, wo wir noch das Spiel im Fernsehen mitkriegen." Die Fußball-Europameisterschaft in der fernen Heimat zwang uns in eine kleine verräucherte Kneipe, in der wir es schwer hatten, zwischen Straßenlärm, johlenden englischen Touristen und griechischem Fernsehkommentar nebst kyrillischen Untertiteln die Orientierung zu behalten. So habe ich vergessen, wer da eigentlich gespielt und gewonnen hat. Als Jürgen danach noch den Wahlsieg meiner Partei feiern wollte, winkte Rolf ab: "Heute kein Wort von Politik, das verdirbt nur die Stimmung."

Die Insel Ägina liegt gut eine Flugbootstunde von Athen entfernt. Dort kannten sich Rolf und Jürgen so gut aus, daß ich ihren Beteuerungen, sie seien auch zum ersten Mal hier, nicht glauben mochte. Als ich mich wie selbstverständlich ebenfalls in der Rezeption des Sporthotels anmelden wollte, zu dem wir gemeinsam gefahren waren, flüsterte Rolf: "Du mußt dir ein anderes Hotel suchen, oberste Regel, du verstehst?" Es war Mittag, und ich wunderte mich, daß Rolf sich erst zum Abendessen in einer Taverne am Hafen verabreden wollte. Er müsse sich dringend hinlegen, das Klima mache ihm zu schaffen. Jürgen begleitete mich zum Taxistand: "Der Rolf ist ziemlich fertig, braucht den Urlaub dringend." Dann sah er sich um, wie um zu überprüfen, ob die Luft rein sei: "Rolf sieht es zwar nicht gern, aber wir können uns ja nachher ohne ihn treffen. Sagen wir gegen vier Uhr am Hafen, da wo die Fähren ankommen."

Nachdem ich ein kleines Familienhotel mitten im Ort mit blitzsauberen Zimmern, hervorragender Küche und ganz kleinen Preisen gefunden hatte und wieder einmal die Erfahrung machte, daß die besten Gelegenheiten nie im Katalog, sondern immer nur auf eigene Faust zu finden sind, schlenderte ich zum Hafen. Jürgen wartete schon, hatte wie ich vorsorglich eine Plastiktüte mit Badehose und Handtuch dabei. Wir schwammen und lagen am Strand. Mir fiel Jürgens Dreitagebart auf: "Du hast dich wohl heute noch nicht rasiert?" Jürgen strich sich stolz über die Stoppeln. "Ne, und das werde ich auch die nächsten Tage nicht, bin richtig glücklich darüber." So, als habe er sich gerade dazu entschlossen, sagte er plötzlich: "Wir brauchen das Versteckspiel voreinander ja wohl nicht fortzusetzen, du ahnst doch sicher längst, daß Rolf und ich von der Firma sind." Er sah mich fragend an, ich nickte, und er fuhr fort: "Na, deshalb mußte ich ja nach dem Studium erst zum Militär, ist ja bei unserer Truppe Voraussetzung. Und auch in der Firma geht alles militärisch zu. Da haben die mir doch glatt meinen Bart verboten, diese Kommißköppe. Du hast ja keinen Bart, darum verstehst du das vielleicht nicht, aber für mich war das so was wie eine Persönlichkeitseinschränkung. Ich wurde also richtig zurechtgestutzt, und das ist ja wohl auch der Sinn von solchen irrationalen Dienstanordnungen."

Jürgen schien froh, einmal offen über seine Zweifel und seine Kritik an der Festung Normannenstraße reden zu können. Natürlich habe er es als Privileg empfunden, dort zu arbeiten, die nahmen ja nur die Besten, zahlten gut und sorgten für Annehmlichkeiten wie dieser Reise. Dafür zahle man aber auch drauf, dürfe weder mit Freunden noch mit Familie darüber reden, was man so mache. Ich fragte ihn: "Soll das heißen, daß deine Frau im Augenblick gar nicht weiß, wo du bist, mit wem du dich triffst?" Jürgen antwortete vorsichtig: "Sagen wir mal so: Wenn sie einer fragen würde, wüßte sie es nicht." Dann lachte er, meinte, daß Rolf ja im Augenblick auch nicht wisse, daß wir uns hier heimlich vor dem Abendessen getroffen hätten. Er wolle mir ein paar Dinge erzählen, die Rolf nicht unbedingt wissen müsse. Darum sollten wir beide auch in den kommenden Tagen ein paar Ausflüge alleine machen. Er werde das schon arrangieren. Dann klärte mich Jürgen über die Rolle auf, die ich bisher offenbar in der HVA gespielt hatte: "Dienstlich gesehen bist du für Rolf eine Riesenenttäuschung, und wenn ich dir einen Rat geben darf, dann bringe ihm auch ganz vorsichtig bei, daß du trotz Wahlsieg und konkreten Angeboten", dabei unterbrach sich Jürgen, kratzte sich am Kinn, "frag jetzt bloß nicht, woher ich das weiß, daß du jedenfalls nicht als Pressesprecher in die Landesregierung gehst." Insgeheim war ich natürlich neugierig, woher er so gut Bescheid wußte, spekulierte in Gedanken, während Jürgen weitersprach: "Also am besten tust du gegenüber Rolf so, als wäre da noch nicht aller Tage abend. Laß ihm die theoretische Möglichkeit, daß du doch wieder zurück in die Politik gehst." Ich fühlte vor: "Sag mal, Jürgen, ist der Rolf hergekommen, um mir zu drohen?" Jürgen wurde fast wütend: "Quatsch. Der ist frustriert über den ganzen Laden, nicht nur über dich. Er ist ja nicht mehr der Jüngste und hat sich natürlich mit dir auch Karrierehoffnungen gemacht. Aber in letzter Zeit läuft soviel schief, passiert ja auch soviel, was keiner vorher dachte."

Jürgen meinte die politischen Entwicklungen in Ungarn, Polen und der Sowjetunion. Gorbatschow habe auch die Firma gespalten. Die Jüngeren, wie er, setzten eher Hoffnungen auf den Reformer im Kreml, die Alten schalteten auf stur, erwarteten den Tag, an dem Gorbatschow vor dem Wirtschaftschaos im eigenen Land das Handtuch werfe. Er, Jürgen, könne das Thema bei Rolf schlecht ansprechen. Aber wenn ich irgendwann einmal ein Stichwort in dieser Richtung gäbe, hätte er vielleicht doch die Möglichkeit, mit seinem Chef das Thema zu diskutieren, das in der Normannenstraße bisher noch tabu sei.

"Ach ne, ihr macht wohl neuerdings Politik ohne mich." Wir hatten Rolf nicht kommen gehört. Jürgen war richtig erschrocken, unsicher darüber, ob sein Chef schon länger gelauscht hatte. Wenn es denn so war, ließ sich Rolf jedenfalls nichts anmerken, setzte sich ausgesprochen gutgelaunt zu uns. Sonne, Sand und Meer, das vertriebe doch alle Sorgen, meinte er vielsagend und fügte an mich gewandt hinzu: "Und du bist und bleibst ja wohl der Sonny-Boy-Reporter ohne Drang zu Höherem, habe ich recht?" Es blieb offen, ob er das nun anerkennend oder sarkastisch resignierend meinte. Und es blieb auch sein Geheimnis, ob er das Motto, das er dann verkündete, als Reaktion auf ein belauschtes Gespräch oder als lange für sich selbst geplantes Programm empfand: "Kinder, laßt uns Urlaub machen. Berlin ist weit, und die Weltgeschichte geht sowieso ihren Gang."

Es war einen Abend später. Wir hatten ein Europameisterschaftsspiel der Sowjetunion gesehen, saßen bei Wein und Bier auf der Terrasse, als Rolf in einer engagierten Diskussion darüber, ob man erfolgreicher mit oder ohne Libero Fußball spielt, unvermittelt zu ganz anderen Systemfragen wechselte: "Was glaubst du Bernd, wie geht das mit Gorbatschow weiter?" Ich sah Jürgen an, fühlte mich verpflichtet, das Stichwort aufzunehmen, ihm neue zu liefern: keine Frage, daß alle ganz begeistert wären von dem Mann. Und wenn ich das richtig sähe, habe der eine Entwicklung eingeleitet, die den Einfluß der Sowjets in Mitteleuropa bewußt zurückschraube. Wir im Westen warteten gespannt darauf, ob sich die DDR auf Dauer als eine Art Insel in den demokratischen Bürgerbewegungen halten könne. Zudem seien wir gespannt, wann denn Demokratisierungsprozesse auch in Berlin, Leipzig oder Rostock sichtbar würden. Rolf hörte das mit Skepsis, reagierte, wie es Jürgen vorhergesagt hatte: "Meinst du wirklich, daß der Lech Walensa ein Segen für die Polen wird? Und ob die Ungarn sich nicht selbst verkaufen an das amerikanische Kapital, und wie sie am Ende dabei fahren, das ist doch längst nicht ausgesungen. Was nützt es denn den Polen, wenn sie streiken können und am Ende nichts mehr zu fressen haben?" Man brauche sich doch nur die Versorgungslage in Warschau oder Moskau ansehen und mit der in Dresden vergleichen, dann wisse man, wo die bessere Politik gemacht werde.

Ich wartete darauf, daß Jürgen sich widersprechend zu Wort meldete, aber er traute sich wohl nicht. Deshalb widersprach ich Rolf: "Die Leute wollen nicht nur fressen. Ich glaube, daß sie einfach mehr Selbstbestimmung und Freiheit haben wollen. Außerdem hat die Politik solche Bewegungen immer wieder unterschätzt, egal, ob im Westen die Umwelt- und Antikernkraftbewegung oder im Osten die Menschen die Bevormundung und Parolen satthaben. Darum wird die SED von dieser Bewegung auch nicht verschont bleiben und sich trotz der Versorgungslage wohl an den Gorbatschow-Kurs anpassen müssen. Hoffen wir jedenfalls."

Rolf beugte sich interessiert vor: "Wen meinst du mit 'wir', ist das auch die Meinung von Engholm und Jansen?" Ich sagte ihm, daß ich zwar darüber noch nicht mit denen diskutiert hätte, daß ich aber der Überzeugung sei, daß niemand in der SPD anderer Meinung wäre. Rolf ließ nicht locker: "Aber du siehst die doch öfter, da werdet ihr doch auch mal über Gorbatschow geredet haben?" Die Vorstellung, daß Bekanntschaften mit Politikern zwangsläufig dazu führen, die wahren politischen Ansichten von Parteigrößen zu erfahren, hatte Rolf mit dem Generalbundesanwalt gemein. Mich amüsierte sie, denn Engholm hatte einmal öffentlich über mich gesagt, ich sei zwar nicht sein Freund, aber ein angenehmer Gesprächspartner gewesen. Dies bezog sich mit Sicherheit auf den Umstand, daß weder Partei noch Politik, sondern eher Medien-und Bekanntentratsch im Mittelpunkt der gelegentlichen Thekengespräche gestanden hatten. Auf jeden Fall waren es Themen gewesen, mit denen weder Geheimdienste noch Bundesanwaltschaft irgend etwas anfangen könnten.

Also sagte ich zu Rolf: "Du glaubst doch nicht im Ernst, daß die Genossen mit mir ihre Linie zu Gorbatschow und der SED absprechen? Und warum sollte ich sie darauf ansprechen? Außerdem liegt das doch auf der Hand: Im Zweifel müssen sie für Gorbi und gegen Honecker sein. Schließlich setzt der eine auf Frieden und Selbstbestimmung und der andere bestenfalls auf Frieden und Beton." Jürgen lachte, wagte sich vorsichtig in die Diskussion: "Ist ja vielleicht auch eine Altersfrage." Rolf schüttelte den Kopf: "Eine Frage der Erfahrung und der Geschichte, würde ich eher meinen. Sieh mal, der Egon Bahr hat, glaube ich, die gleiche Angst wie ich. Wenn nämlich im Osten alles zusammenbricht, dann haben wir nicht mehr Frieden, sondern Instabilität. Was glaubst du wohl, was aus Ungarn, Polen, Rumänien oder Jugoslawien wird, wenn die alle machen können, was sie schon immer wollten? Ne, ne, so einfach ist das nicht."

Rolfs Ängste waren echt. Sie waren gepaart mit offensichtlicher Job-Müdigkeit und mit Unsicherheit über den Sinn unserer Zusammenkunft. Diese Zusammenkunft stellte sein Politikverständnis, seinen Auftrag, ja, seine langjährige Arbeit mehr in Frage als das westdeutsche System, das er doch aushorchen, analysieren und destabilisieren sollte. Aber seine Reaktion war nicht Beharrung oder Drohung. Er zog sich zurück, gerierte sich eher wie einer, der seine Firma nun Jüngeren überließ, skeptisch und müde, nach dem Motto: Ihr werdet schon sehen. So übernahm Jürgen das Kommando, feurig für neue Perspektiven, heimlicher Sozi-Sympathisant im DDR-Geheimdienst.

Wir liehen uns Motorräder, machten Ausflüge, während Rolf sich auf die Terrasse zurückzog und nur noch am Abend gemeinsam mit uns aß und trank. An diesen Abenden sprachen wir über Fußball, Frauen und Umweltschutz. Themen also, bei denen Richtungsstreitigkeiten nicht zu erwarten waren. Selbst in Sachen Atomenergie war man inzwischen kritischer geworden. Damals verstand ich Rolfs hintersinnige Ironie noch nicht, daß er gerne einmal dabei sein würde, wenn ich meine radikalen Anti-Kernenergiethesen mal mit Onkel Günther diskutieren würde. Ich hatte ihn schon fast vergessen: "Mal wieder was gehört von ihm, was macht der Günther?" Er sei immer noch im Ausland in höchst wichtiger Funktion, irgendwann würde ich ihn schon treffen. Ich dachte an Moskau und den KGB. Vielleicht war er Verbindungsoffizier, möglich, daß es besser wäre, ihn nicht zu treffen. Die Verwandten hatten auch lange nichts von ihm gehört.

Jürgen und ich kurvten auf Schotterstrecken durch die Berge, fanden alte Friedhöfe, Kultstätten, Ruinen. "Hast du einen Fotoapparat mit? Vielleicht könnte man ja heimlich ein paar Aufnahmen machen." Jürgen litt darunter, daß er das alles erleben konnte, ohne daß seine Rosi daran teilnahm. Ein paar Bilder aus einer schöneren Welt wollte er ihr doch mitbringen: "Aber Rolf darf nichts davon wissen." Vielleicht wollte er noch heimlich Weintrauben oder einen Zweig von einem Feigenbaum im Gepäck verstecken. Später wollte er dann hinter zugezogenen Gardinen bei einer Flasche Rotwein von der griechischen Insel erzählen, von den Menschen und ihren Bräuchen, von warmen Nächten, gegrilltem Lamm, der Musik und dem Meeresrauschen: "Dann hat sie auch etwas davon."

Mag sein, daß man in Deutschland zur Zeit wenig Zustimmung findet, wenn man Stasi-Offiziere auch als nachdenkliche, zweifelnde Gemütsmenschen schildert und sich in Fahrwasser begibt, das von anderen mit vielen richtigen Argumenten als trübe bezeichnet werden kann. Erst recht, weil heute der Unterdrückungsapparat jenes Ministeriums, dem Rolf und Jürgen dienten, mit allen menschenunwürdigen Methoden so unentschuldbar offenbar wurde. Und doch glaube ich bis heute, daß Rolf und Jürgen, Bigalke und Wolfgang Fischer ebenso in jedem westdeutschen staatstragenden Verein, von der Caritas bis zur Gewerkschaft, hätten angesiedelt werden können. Alles, was sie mit mir besprochen, mit mir spekuliert oder gar gehandelt haben, hätten sie auch mit jedem anderen ohne dessen Widerspruch, geschweige denn Gewissensbisse anstellen können.

Daß solche Sichtweise auch Nazis und SS-Schergen entschuldigen könnte, diese Argumentation will ich nicht gelten lassen. Einmal, weil sich DDR- und Nazi-Regime nur für geschichtslose Anti-Kommunisten auf einer Ebene vergleichen lassen, vor allem aber, weil ich mir trotz realer DDR-Erfahrung und aller Wende-Enthüllungen als Bundesrepublikaner nicht als moralischer Sieger vorkomme. Ich fühle mich eher als Freund und Bruder jener Deutschen auf beiden Seiten, die mit der so vollzogenen deutschen Einheit viele Träume verloren und gerade in der Wende-Realität die häßlichste Seite des sogenannten besten Systems auf deutschem Boden kennengelernt haben. Und deshalb würde ich mich selbst heute noch lieber mit Jürgen, Rolf, Bigalke oder Wolfgang Fischer unterhalten als mit jenen Vertretern der Deutschen Bank, der Allianz, der Nahrungsmittel- oder Automobilkonzerne, die mir in den Wendejahren als ARD-Korrespondent in Mecklenburg als wahrhaft fremde Mächte in einem okkupierten Land begegnet sind. Sie traten mindestens so menschenverachtend wie die Stasi auf, waren von ihrem System aber überzeugter.

Jürgen war längst nicht mehr überzeugt. Bei Tintenfisch und Bier in einem verlorenen Fischerdorf an einer vergessenen Bucht von Ägina, umgeben von lärmenden Wirtskindern, erzählte er von Mischa Wolf wie von einem Messias. Seit vier Jahren außer Dienst, spiele der bei den jüngeren HVA-Offizieren noch immer die beherrschende Rolle. Es fänden allmonatliche Zusammenkünfte in der Normannenstraße statt, die als Parteischulungsabende getarnt wären und auf langfristige Veränderungen in der DDR zielten. Sie würden von Mielkes Mannen argwöhnisch belauscht und unterwandert. Nicht auf Putsch, sondern auf natürliche Lösungen setzend, bereite man sich dort auf Gorbatschows Erfolge vor. Eine deutsche Konföderation, eine blocküberwindende Rolle beider deutscher Regierungen in Europa mit Abbau der Waffenarsenale und wirtschaftlicher Zusammenarbeit, eine freie Kultur und eine demokratische SED gehörten zu den Zielen jener sanften Verschwörer, die sich ausgerechnet in der Kantine der HVA breit gemacht hätten. Noch, so habe Mischa Wolf im kleinen Kreis argumentiert, gäbe es eine Chance, die DDR von innen zu verändern, Reformen im Lande behutsam in Gang zu setzen, neue Kräfte in wichtige Schlüsselpositionen zu hieven. Er selbst dächte dabei nicht an ein Amt, eher an eine Absicherungsrolle im Hintergrund, die er mit guten Drähten zu Gorbatschow begründete. Honecker sei schwer krank, ob der seine Amtsgeschäfte noch einmal aufnehmen würde, sei mehr als zweifelhaft. Jürgen erzählte mir das alles eher fröhlich und erwartungsfroh: "Na, der Rolf weiß natürlich auch, daß da was läuft. Ich glaube, er ist zwar aus Prinzip dagegen, aber er wartet ab und würde im Ernstfall sicher stillhalten."

Eigentlich war es fast folgerichtig, daß gerade bei denen, die seit Jahren mit der Aufklärung im "feindlichen Westdeutschland" beschäftigt waren, die Lügen und Schwächen des eigenen Systems zwangsläufig "mitaufgeklärt" wurden. Vor allem aber wuchs bei ihnen die Sehnsucht nach Freiheit und politischer Selbstbestimmung. Ich fragte Jürgen danach. Er müsse viel lesen, sagte er, Zeitungen, Parteiprogramme, Reden, auch Berichte von Informanten. Sein Spezialgebiet sei die SPD-Linke. Und so habe er schon öfters das Gefühl gehabt, er lebe auch mit diesen Leuten; er entwickele natürlich Sympathien für Leute wie Engholm oder Jansen, die Wieczorek-Zeul, ganz zu schweigen von Egon Bahr oder Willy Brandt. Und er wünsche sich, diese Leute auch einmal persönlich kennenzulernen oder nur auf einem Parteitag auf der Besuchertribüne zu sitzen. Inzwischen habe er schon eine andere Meinung zur Sozialdemokratie als noch bei seinem Studium. Ich wußte gar nicht, daß Jürgen studiert hatte, schon gar nicht, daß er einen Doktortitel besaß. "Dafür kannst du dir bei uns in der DDR auch nichts kaufen." Ich frage ihn, wieviel er denn verdiene: knapp über 2000 Mark im Monat.

Die Offenlegung des eigenen Einkommens gilt bei Thekengesprächen unter deutschen Männern als höchster Vertrauensbeweis. So animiert, dachte ich von Jürgen auch das zu erfahren, was ich schon immer wissen wollte: "Sag mal, ich bin ja am meisten darauf neugierig, mit welchen Leuten ihr in meiner direkten Umgebung oder bei der SPD-Linken noch so zusammenarbeitet." Jürgen sah mich entgeistert an. "Was willst du mit so einer Information anfangen? Etwa hingehen und sagen: freut mich, auch einer von uns? Das ist doch Quatsch." Klar, Jürgen hatte recht. Und er setzte noch eins drauf: "Du bist ja nun wirklich für deinen Leichtsinn bekannt, und mit ein paar Bier plauderst du doch an jeder Theke, wie dir der Schnabel gewachsen ist. Im Ernst, Bernd, dir kann man doch kein Geheimnis anvertrauen, das wäre viel zu riskant."

Jürgen bestellte zum Trost noch ein Bier. "Wenn es nach uns ginge, hättest du längst wieder Referent oder Pressesprecher in der Landesregierung in Kiel sein müssen. Und ich weiß im Gegensatz zu Rolf, daß du das auch gekonnt hättest, wenn du gewollt hättest. Daraus kannst du ja schließen, daß es mindestens noch einen mir bekannten Informanten in deinen Kieler Kreisen geben muß. Außerdem hat mir Bigalke natürlich auch etwas erzählt. Und wie das nun weitergeht? Ich weiß ja nicht einmal, wie sich das in der Firma weiterentwickelt. Erst mal geht alles seinen bürokratischen Gang: Du giltst weiter als kommender Mann bei Engholm, was den Vorteil hat, daß dich die Firma für so wichtig hält, daß Rolf und ich hier eine Woche Urlaub machen können. Was meinst du, was das immer für ein Aufstand ist vor solchen Reisen. Wir müssen immer quer durch Europa fliegen, Papiere wechseln, werden von Leuten vor Ort abgesichert. Aber", und damit wies Jürgen, das Bierglas in der Hand, weit ausholend auf die Landschaft: "Allein dafür hat sich der Aufwand ja gelohnt."

1989: Staatsbesuch: mit Björn bei Erich

Juni 1992: Dänemark ist Fußball-Europameister. Kiel feiert mit. Die Dänen singen, die Deutschen analysieren. Niederlagen haben Gründe: Ein nicht gepfiffenes Handspiel, ein übersehenes Foul an Brehme werden zu Protokoll gegeben. Nach der Aktenlage hätten wir gewinnen müssen. Für Stasi-Akten interessiert sich zur Zeit niemand. Kohl kommt zwei Jahre nach der Währungsunion zu der Erkenntnis, daß die deutsche Einheit teurer wird als geplant. Die Bonner Planwirtschaft nähert sich Politbüro-Niveau. Wieder einmal kündigen gut unterrichtete Kreise die baldige Rückkehr Erich Honeckers an. Endlich will man einen "Großen" hängen. Totschläger soll er sein, 49mal an

Mauer und Stacheldraht. Die Anklage steht, sagen die einen, sie wackelt, die anderen. Nur die Politik ist sich einig: Her mit dem Schuldigen. Moral und Gerechtigkeit feiern in den Statements zu Honecker Triumphe, Reporter und Kommentatoren schließen sich an. Erich Honecker ist der böse Deutsche, ein "unverbesserlicher", "schamloser Verbrecher", den man "nicht mit Samthandschuhen" anfassen darf. Erich in den Knast.

31. Januar 1989: Vor dem Staatsratsgebäude drängelten Westreporter. Es ging um die besten Plätze längsseits des roten Teppichs, auf dem sich Erich Honecker gleich mit Björn Engholm treffen sollte. Obwohl für den NDR Mitglied der Engholm-Delegation, hatte ich Schwierigkeiten, an diesem Termin teilzunehmen. Bei einem so wichtigen, hochpolitischen Treffen wollte es sich das Berliner ARD-Büro schließlich nicht nehmen lassen, die schönsten Bilder und lobendsten Worte zu jener Ehrerbietung selbst zu machen, die der Staatsratsvorsitzende und Erste Sekretär der SED dem schleswig-holsteinischen Ministerpräsidenten zukommen ließ.

Ohne Honecker-Treffen wäre übrigens auch Björn Engholm gar nicht gekommen. Frühere Termine waren verschoben worden, weil Honeckers Krankheit ein Zusammentreffen mit Engholm in Frage gestellt hatte. Der Kieler Regierungschef wollte aber aus Gründen der Selbstachtung, des Stellenwertes und der öffentlichen Aufmerksamkeit natürlich nicht mit der zweiten Garnitur der SED reden und verhandeln.

Nun war es also soweit. Die Presse-Meute wartete gespannt in der Empfangshalle vor allem auf Erich, der sich monatelang nicht in der Öffentlichkeit hatte blicken lassen. Eine Kollege vom DDR-Fernsehen stieß mich in die Rippen: "Das wird noch was dauern, der wird noch geschminkt." Ich stand nah genug, um zu erkennen, daß Honecker tatsächlich Rouge aufgelegt hatte, als er wie von einer anderen Welt auf Björn Engholm zuschritt. Kameraleute und Fotoreporter schlugen sich gegenseitig fast die Schädel ein. Die rote Absperrkordel war längst gesprengt. Ein paar Minuten, so hatte man uns zugesagt, dürften wir mit der Kamera auch ins Arbeitszimmer. Honecker murmelte Engholm Komplimente zu. Vor allem dessen natürliche Gesichtsbräune hatte es ihm angetan: "Sie sehen aber viel besser aus als beim letzten Mal." Engholm nickte, dann drehte er sich zu uns um, flüsterte: "Mit wem verwechselt der mich? Ich seh´ den heute zum ersten Mal." Auch beim Vorstellungsritual am runden Tisch seines Arbeitszimmers war Honecker nicht ganz bei der Sache. Als Engholm ihm Günter Gaus als seinen Berater vorstellte und hinzufügte, der habe einen "One-Dollar-Vertrag" bei ihm, wühlte Erich in seinen Jackentaschen nach Hartgeld, stellte dann bedauernd fest: "Ich habe noch nicht einmal fünf Mark dabei."

Ich hatte mit Engholm ausgemacht, daß er mir direkt nach dem Honecker-Gespräch vor Kamera und Mikrofon zur Verfügung stehen sollte. Deshalb wurde ich mit meinem Team in einen Besucherraum des Staatsrates gebeten, um dort auf das Ende der Verhandlungen zu warten. Man wollte uns Bescheid geben. Knapp zwei Stunden später stürzte der Protokollchef ins Zimmer, entschuldigte sich vielmals, man habe uns vergessen, Engholm sei vor zehn Minuten gegangen. "Das macht nichts", sagte ich, "der wird vor dem Gebäude auf uns warten." Der Protokollchef dachte, wir hätten einen schlechten Witz gemacht, meinte: "Aber sonst habt ihr wohl keine Sorgen, was? Der wartet doch nicht auf euch." Dann machte der Mann die Erfahrung, daß ein Ministerpräsident durchaus fröstelnd, der Kälte wegen von einem Fuß auf den anderen wippend, vor dem Staatsratsgebäude auf ein abgesprochenes Interview wartete. Was nützen auch die besten Verhandlungen, wenn man sie nicht im Heimatfernsehen darstellen konnte?

Gewohnt elegant und in der Zeit "verkaufte" Engholm dann ohne Versprecher, was er Erich Honecker abgerungen hatte: wirtschaftliche Kooperations-Versprechen für schleswig-holsteinische Firmen, Zusammenarbeit beim Umweltschutz und als besonderes Bonbon die überraschende Aufnahme der Großstadt Kiel in den "kleinen Grenzverkehr". Damit hatte Björn Engholm gar nicht gerechnet. Nach dem Interview fragte ich ihn: "Sag mal, Björn, war der nicht schon ein bißchen gaga?" Engholm blieb auch privat staatstragend: "Nachher war er ziemlich konzentriert. Du meinst wohl, weil er meinte, mich schon mal getroffen zu haben. Ich glaube, der hat mich mit dem Schröder verwechselt. Das ist allerdings schlimm genug." Dann lud mich Engholm zu einer privaten Fete am Abend ein, die in der Wohnung eines Bekannten in der Leipziger Straße nach 22 Uhr steigen würde. Er wollte da nach dem offiziellen Empfang auch hinkommen, freue sich schon darauf, weil man da auch mit kritischen DDR-Künstlern sprechen könne: "Kannst deine Team-Leute ja mitbringen." Und dann: "Das war wirklich ein gutes Gespräch mit dem Honecker. Die Nummer mit Kiel im kleinen Grenzverkehr hat er spontan zugesagt, hätte ich dem Laden hier gar nicht zugetraut."

Diese Engholm-Anmerkung bedarf der Ergänzung: Auf die Gefahr hin, der Bundesanwaltschaft noch nicht bekanntes Futter zu liefern, mich bei Björn Engholm endgültig unbeliebt zu machen und Kopfschütteln bei Freunden und Bekannten zu erregen, möchte ich eine Geschichte erzählen. Sie beinhaltet neben den genannten Risiken auch die Chance, den gegen mich erhobenen Spionage-Vorwurf im Umfeld jener deutschen Realität anzusiedeln, die zu allen Zeiten banale Wichtigtuerei zu dramatischer Aktion stilisierte, Zufälligkeiten in historische Dimensionen erhob.

Es war rund acht Wochen vor jenem Engholm-Honecker-Treffen, als an einem späten Freitagabend mein Privattelefon klingelte. Wolfgang Fischer wünschte mich dringend zu sprechen, morgen um zwölf Uhr in Lübeck, in einem Steak-House. Ich fuhr hin, mindestens darauf gefaßt, etwas von dem vor einem halben Jahr von Jürgen in Griechenland angedeuteten Putsch der SED-Zwerge im Politbüro zu erfahren. Und tatsächlich fand ich einen in heller Aufregung befindlichen DDR-Freund vor. Endlich könne man Politik praktisch machen. Ich müsse ihm nur sagen, was der Engholm beim Honecker erreichen wolle. Ich wußte zu diesem Zeitpunkt noch gar nicht, daß die beiden sich überhaupt treffen wollten, fragte völlig verdattert: "Woher soll ich das wissen?" Wolfgang Fischer sah mich verzweifelt an: "Habe ich mir schon gedacht, daß du keine Ahnung hast. Mensch Bernd, die haben doch ihre Griechenlandreise damit begründet, daß du der beste und intimste Typ beim Engholm bist. Klar doch, daß die Honecker-Leute auf die Idee kommen, bei dir vorzufühlen, mit was sie bei dem zu rechnen haben. Rolf und Jürgen sollen für den Honecker persönlich eine Vorlage machen, haben mich in Panik hergeschickt. Also laß dir was einfallen." Mir fiel in diesem Augenblick der tragikomische Agent aus Simmels Kaviar-Legende ein: Wenn ich das in meinem Club erzähle ...

Da wollen sich zwei hochrangige Politiker zum deutsch-deutschen Plausch treffen, und die DDR-Staatsführung hat nichts Besseres zu tun, als bei mir nachzufragen, wie sie sich verhalten soll. Es ging mit mir und Wolfgang Fischer weiter wie bei Simmel. Ich machte ihm klar, daß ich weder Zugang noch eine Vorstellung von den Absichten der Kieler Staatskanzlei hätte und stellte darüber hinaus fest, daß Björn Engholms wahre An- und Absichten erst recht ein Buch mit sieben Siegeln seien. Darauf machte Wolfgang Fischer einen einleuchtenden Vorschlag. Wenn sowieso keiner wüßte, was Engholm wollte, könnte man sich dann ja auch freihändig ausdenken, was er wollen könnte.

Und so geschah es. Ich kramte alle deutschlandpolitschen Thesen der Sozialdemokratie aus dem Gedächtnis zusammen, einigte mich mit Fischer schließlich auf Umweltschutz und Wirtschaftskooperation als wichtigste Themen und war zufrieden bis der DDR-Emissär meinte, man müsse in diesem Fall auch noch etwas Besonderes bieten. Mir fiel zunächst ein, daß Günther Jansen, Egon Bahr und Gerd Walter seit Jahren für die Fischereirechte bundesdeutscher Kutterfahrer in der Mecklenburger Bucht kämpften. "Gut, gut", meinte Fischer und notierte das Problem, um gleich hinzuzufügen, daß das ja nicht gerade "propagandastark" sei, es beträfe schließlich nur eine Minderheit.

So arbeiteten wir uns langsam auf den Dauerbrenner "menschliche Erleichterungen" vor, bedauerten, daß Engholms Zuständigkeiten leider Zugeständnisse im Bereich der Elbgrenze oder der Transit-Autobahnen ausschlossen. Und so kamen wir auf den kleinen Grenzverkehr, jenen Reiseerleichterungen, die die DDR bis dato nur Gemeinden und kleinen Städten im grenznahen Raum zugestanden hatte. Die DDR scheute sich aber, Großstädte, und damit Massen-Grenzverkehr in Erleichterungsregelungen einzubeziehen.

"Sag mal, Bernd, wieviel Kilometer liegt eigentlich Kiel von der Grenze weg?" Wolfgang Fischer war richtig glücklich, als ich ihm sagte, daß seien gerade mal einhundert Kilometer. "Das ist es." Das könne man verkaufen, der Engholm müsse das nur fordern: "Glaubst du, der tut das?" Mir war das ziemlich egal. Ich hatte auch keine Ahnung, ob Björn je einen Gedanken darauf verschwendet hatte, fand aber die Ausweitung von Reiseverkehrserleichterungen sei in jedem Fall eine Sache, für die man sich nicht schämen mußte, wenn man sie denn vorschlug und Erich Honecker sie absegnete. Und so fuhr Wolfgang Fischer mit drei Notizbuchseiten Lübecker Steak-House-Ideen zurück in die Hauptstadt der DDR. Aus unseren Freundschaftsdiensten für Jürgen und Rolf wurde eine offizielle Vorlage für den Staatsratsvorsitzenden, die angeblich auf ebenso ernsthaften, wie hochpolitisch brisanten Geheimdienstkenntnissen beruhte.

Der Generalbundesanwalt hat in Karlsruhe den Antrag auf Haftbefehl gegen mich mit der vermeintlichen Ermittlungserkenntnis begründet, daß angeblich von mir stammende Informationen im MfS mit "höchster Priorität" bewertet wurden. Er muß wohl den Lübecker Steak-House-Plausch gemeint haben. Darüber hinaus fallen mir nur noch zwei Dinge ein, die im MfS Eindruck gemacht haben könnten. Einmal meine Vorhersage, daß die Kernenergieauseinandersetzung in ihrer Wirkung unterschätzt wird und die GRÜNEN in den Bundestag bringen wird, und mein beharrlicher Hinweis darauf, daß sich Politiker wie Günther Jansen und Björn Engholm am Ende durchsetzen werden. Von diesen politischen Aussagen war ich überzeugt, bevor sie Mehrheiten fanden. Ich habe sie aber an CDU- oder Pressestammtischen ebenso vehement verbreitet wie bei Gesprächen mit der "fremden Macht".

Engholm ging mit den fremden Mächtigen im Palais Unter den Linden essen, bevor er auf der Fete in der Leipziger Straße erschien. Honecker zum Hauptgang, die Dissidenten zum Nachtisch. Anfang 1989 galt diese Reihenfolge noch. Man konnte sie weder Engholm, noch der SPD ernsthaft ankreiden, obwohl die CDU aus der Legende, sie habe andersherum gehandelt, später Honig und Wahlprozente im Osten saugte. Immerhin machte Björn keinen Hehl daraus, daß er sich in dieser Feten-Runde um vieles wohler fühle als im Kreis der Krenz, Tisch und Schalck-Golodkowski.

Was allerdings als heimliches, kleines, privates Fest von Mund zu Mund angekündigt worden war, entpuppte sich als Party mit Festungscharakter. Irgendwie mußte die Stasi Wind von der Veranstaltung bekommen haben, hatte das Wohnviertel weiträumig abgesperrt, ließ nur die offenbar bekannten eingeladenen Gäste in das Hochhaus. So tummelten sich Maler, Architekten, Lehrer, Kirchenleute und Journalisten um einen sozialdemokratischen Hoffnungsträger, der zur Geduld mahnte und die SPD-SED-Initiativen samt gemeinsamer Papiere als Perspektive zur Sonne und Freiheit auch in der DDR erhob.

Hans Modrow und Mischa Wolf waren in aller Munde. Die Zeichen, die sie gesetzt hatten, wurden zur Gorbi-Bewegung in der DDR interpretiert. Engholm hatte beim großen Staatsratsfressen sogar noch zwei weitere Politbüromitglieder als Gorbi-Anhänger ausgemacht. Die anwesende Kultur-Schickeria der DDR äußerte sich eher skeptisch zu den offenen Protesten einzelner Kirchengruppen, beschwor die Reformfähigkeit der SED vor allem unter dem Druck der Veränderungen im übrigen Ostblock.

Morgen wollte Engholm Stolpe treffen. Der Termin in einer Kirche war im offiziellen Staatsbesuch-Protokoll nicht ausgedruckt, Björn erzählte gar von Versuchen DDR-Offizieller, ihm diese "Kirchennummer" in letzter Minute auszureden. Aber da biß man bei ihm auf Granit. "Bernd, da mußt du drehen, das muß ins Programm. Wir lassen uns doch nicht vorschreiben, wen wir hier besuchen und wen nicht." Engholm gehörte, wie fast immer, zu den letzten Gästen der Fete, die sich gegen zwei Uhr nachts in der Küche über die Qualitäten verschiedener Weinsorten in die Haare gerieten. Björn guckte aus dem Fenster: "Die sind immer noch da." Ich fragte: "Meinst du die Stasi?" Engholm: "Sag so was bloß nicht so laut. Das ist meine Ehrengarde." Ich sprach ihn auf seine Kondition an. Er erzählte, daß er neuerdings jeden Morgen um sieben jogge. Das habe er auch heute morgen immer rund ums Gästehaus der DDR-Regierung getan: "Da hättest du die Bewacher aber mal staunen sehen sollen, die wußten nicht so recht, ob sie jetzt mitlaufen sollten." Ich lachte: "Also, Björn, das würde ich gerne mal drehen. Du joggst und die Stasi hinterher." Engholm hielt mir die Hand hin: "Abgemacht, die Nummer machen wir morgen in Rostock. Aber du kommst ja nicht so früh aus dem Bett."

Wir fuhren mit dem NDR-Teamwagen etwa zwei Stunden vor der offiziellen Delegation auf der Autobahn Richtung Rostock. Noch ein bißchen übermüdet durch die gestrige Fete fiel uns zunächst gar nichts auf. Bis Knut, Kamera-Assistent und Fahrer, sagte: "Seht ihr die vielen Grünen?" Er meinte die Volkspolizisten, die in auffälliger Anzahl mit Feldstechern ausgerüstet den Randstreifen bevölkerten. "Übrigens", sagte Knut, "wir fahren schon mindestens seit einer halben Stunde alleine auf der Autobahn." Sie hatten sie tatsächlich gesperrt. Wir mußten eine wichtige Delegation sein. In Wahrheit hatte die DDR-Führung verschärfte Sicherheitsabsperrungen längs jedweder Engholm-Route legen lassen, um einen Zwischenfall wie beim letzten Johannes-Rau-Besuch in der DDR zu vermeiden. Damals hatten Dissidenten den nordrhein-westfälischen Ministerpräsidenten vor den Augen der Presse um Ausreisehilfe gebeten. Auch in Rostock sollte die Bevölkerung möglichst auf Abstand zu Engholm gehalten werden, war die Stasi ebenso offen wie massiv präsent.

Als wir in der Innenstadt ein paar Impressionen drehten, wurden wir mehrmals auf Engholm angesprochen. Einzelne Grüppchen warteten bereits auf ihn. Doch das Protokoll hatte direkt vor dem Rathaus zwei riesige Reisebusse zwecks Abschirmung und Engholm-Isolierung geparkt, denn der sollte statt eines Rundgangs zu Fuß mit dem abgeschlossenen Bus durch die Stadt fahren.

Beim Mittagessen im Rostocker Rathauskeller erzählte ich Björn von den Maßnahmen und davon, daß viele Menschen in der Innenstadt auf ihn warteten. Engholm fragte mich: "Und du meinst, ich soll gegen das Protokoll zu Fuß durch die Stadt?" Ich nickte. Björn war das unangenehm: "Mensch Bernd, ich bin hier Gast, ich kann doch denen das Programm nicht über den Haufen werfen. Wie soll das denn gehen, wenn die Busse direkt vor der Tür stehen? Geh mal raus gucken, ob man an den Bussen vorbeikommt, und wie so die Absperrungen sind." Dann fragte er Peter Voss, den Kameramann, und mich, ob da denn Leute bei wären, die ihm Resolutionen oder Ausreiseanträge überreichen wollten. Wir hatten schon ein paar davon getroffen. Engholm schlug vor, daß Peter und ich diese Leute abfangen, die Briefe einsammeln und ihm erst in Kiel übergeben sollten. Dann sollten wir in seiner Nähe aus dem Rathauskeller gehen und mit ihm sozusagen spontan in der Mitte kurz vor dem Buseinstieg am Bus vorbei einfach in die Innenstadt laufen. Er würde dann sagen, er müsse sich mal die Füße vertreten.

Und so geschah es. Peter Voss und ich hatten ein Auge auf briefliche Bittsteller, baten sie flüsternd nachmittags um drei Uhr in die Uni-Buchhandlung, da sei es sicherer, wir würden uns um sie kümmern. Björn dehnte sein Füßevertreten auf einen über einstündigen, nicht im Programm vorgesehenen Innenstadtspaziergang aus, der von der Bevölkerung mit Begeisterung beklatscht wurde. Wir sammelten später in der Buchhandlung Resolutionen und Ausreiseanträge ein: Der NDR war in Mecklenburg mindestens so vertrauenswürdig und hochangesehen wie Engholm und die SPD. Bliebe von dieser Episode nachzutragen, daß die Ausreise-Hilfsbitten nicht nur in der Kieler Staatskanzlei landeten, sondern auch erfolgreich im Sinne der Antragsteller noch im Sommer 1989 erledigt wurden.

Am Abend trafen wir Wessis uns dann alle in der kleinen Neptun-Bar in Warnemünde, in jenem Hotel, in dem Uwe Barschel angeblich auf einem Rundbett für die Stasi erpreßbar wurde. Wir hatten eckige Betten. Doch der Liftboy klärte uns auf. Seit zwei Tagen sei die Stasi schon im Hotel, er würde uns raten, in den Zimmern nichts Wichtiges zu besprechen. Vom Direktor persönlich eingeladen gab es Häppchen und Getränke zur Genüge. Während sich Günter Gaus an der Kunst der Bardame gar nicht sattsehen konnte, einen Wodka aus der Flasche mit einem Meter Abstand in ein kleines Glas zu befördern, das Ergebnis dieser Schenk-Artistik auch immer sogleich höchstselbst vernichtete, fragte mich Björn, wie die Berichterstattung über seinen Honecker-Besuch liefe: "Das kann man ja wohl nur als Erfolg verkaufen." Engholm war sichtlich stolz auf die Behandlung, die die SED- und Staatsratsführung für ihn inszenierte. Er verglich seinen Besuch mit jenen von Rau, Schröder und Lafontaine, kam zu dem Ergebnis, daß er am meisten erreicht habe und die DDR, obwohl er sich früher kaum darum gekümmert habe, "ein wahnsinnig interessantes Feld mit irren Perspektiven" sei: "Ich glaube, das war gut, heute mittag, daß wir einfach durch die Stadt spaziert sind. Diese Begleiter waren ganz unsicher, meinten immer, sie hätten doch den Bus."

Wir waren in die größere Skybar gewechselt. Es war schon wieder weit nach Mitternacht, als ich auf einen Herrn gegenüber der Bar wies: "Der beobachtet uns." Björn drückte meinen ausgestreckten Zeigefinger unter die Theke: "Man zeigt nicht auf Leute. Wie kommst du darauf, daß der uns beobachtet?" Ich war mir sicher: "Weil der Typ schon vorgestern abend in Berlin an der Bar vom Palasthotel gesessen hat. Das kann doch kein Zufall sein." Björn meinte, ich leide unter Verfolgungswahn, doch ich beharrte darauf: "Das ist einer von der Stasi. Die bespitzeln doch alles und jeden." Mein Landesvater schüttelte den Kopf: "Aber mich doch nicht. Und sag nicht immer so laut Stasi. Wenn überhaupt, ist das meine Leibgarde, eine Ehrengarde, verstehst du?" Dann erinnerte er mich an die Jogging-Nummer. "Wetten, daß du heute früh um sieben nicht auf der Matte stehst?" Ich stand.

Gegen halb sieben bauten wir Licht vor dem Neptun-Hotel auf, denn im Februar war es um diese Zeit noch ziemlich dunkel. Es dauerte nur ein paar Minuten, bis ein paar unauffällige Herren im Ledermantel unser Treiben erst argwöhnisch, dann Auskunft heischend beobachteten. "Wir machen ein Interview." Darüber hinaus gaben wir keine Erklärungen ab. Zwei Ledermäntel-Herren blieben in angemessener Entfernung stehen. Dann kam Björn im Jogging-Anzug und um Augen und Haar so zerknautscht, daß ihn niemand erkannte. Er sagte, daß er zum Leuchtturm laufen wolle. Wir sagten, er solle loslaufen und gleich wieder ankommen, damit wir das im gleichen Licht aufs Magnetband bannen könnten, danach könne er hinlaufen, wohin er wolle. Engholm, das muß an dieser Stelle einmal gesagt sein, ist wahrlich einer der pflegeleichtesten Politiker für Fernsehleute in dieser Republik. Er lief also los, die beiden Herren in den Ledermänteln fragten uns irritiert, wer das denn sei. Wir antworteten: "Der Ministerpräsident." Und schon sprinteten sie hinterher. Weil Björn nun aber in Erfüllung präziser Regieanweisungen bereits wieder auf das Hotel-Portal zusteuerte, liefen sie an ihm vorbei, begegneten ihm dann ein zweites Mal, als er seine wirkliche Joggingrunde antrat, und hatten das Spielchen satt: "Sie sagen uns jetzt sofort, was Herr Engholm vorhat." Peter Voss hatte ein Einsehen: "Zum Leuchtturm will er. Aber keine Bange, der kommt schon wieder." Die verwirrten Stasi-Gardisten wollten sich aufs Westfernsehen nicht verlassen. Panikartig pfiffen sie ein Dienstfahrzeug herbei und fuhren dem entfleuchten Staatsgast nach. Sie holten ihn nie ein.

Ich nahm mir auf dem Weg zum Frühstück das "Neue Deutschland", das unter der Titelzeile "Begegnung Erich Honeckers mit Björn Engholm" die von mir vernachlässigte historische Dimension dieses Staatsbesuches in seine unnachahmlichen Worte faßte: "Die Begegnung fand in aufgeschlossener und konstruktiver Atmosphäre statt. Sie diente dem Meinungsaustausch über aktuelle Fragen der internationalen Lage, den Beziehungen zwischen beiden deutschen Staaten und Möglichkeiten der Zusammenarbeit zwischen der DDR und Schleswig-Holstein. Erich Honecker und Björn Engholm hoben übereinstimmend hervor, daß Friedenssicherung und Abrüstung, die Beseitigung der nuklearen Kriegsgefahr im Mittelpunkt einer verantwortungsvollen Politik stehen müßten und daß dies auch die Kernfrage des Verhältnisses zwischen beiden deutschen Staaten sei."

Ich selbst habe fürs Fernsehen natürlich auch "nette" Berichte über den Staatsbesuch gemacht. Sicherheitsmaßnahmen und Stasis ein bißchen kritisiert, ansonsten aber Engholm wie Honecker "gute Männer sein lassen". Offizielle Begleitung - das gilt für alle Kollegen - führt bei Staatsbesuchen fast ohne Ausnahme auch zu "offizieller Berichterstattung". Da inoffizielle Reportagen in der DDR kaum möglich waren, haben wir Journalisten uns in der Regel an die Regeln gehalten, die von der offiziellen Deutschlandpolitik vorgegeben wurden. Das ist keine Entschuldigung, sondern eine Erklärung für mangelhafte DDR-Aufklärung vor der Wende. Sie waren alle "offiziell" in der DDR: Der SPIEGEL, die WELT, BILD, ARD und ZDF. Und einmal abgesehen von kecken Bildunterzeilen, ebenso bunten, wie nichtssagenden Zitaten und dem besseren Deutsch, war nach deutsch-deutschen Treffen bei uns im Westen inhaltlich auch nichts anderes zu hören, zu sehen und zu lesen, als im unsäglichen "Neuen Deutschland".

1992: Von Wendehälsen und Wendeopfern

4. Juli 1992: Ein Sonnabend. Meldetag. Seit November letzten Jahres mache ich den Spaziergang zur Polizeiwache in der Kieler Düppelstraße jede Woche. Gestern ist die Kaution aus Karlsruhe zurückgekommen. 50.000 DM plus 150 DM Zinsen für siebeneinhalb Monate. Meine Familie hat in der gleichen Zeit für die gleiche Summe über 4000 DM Zinsen zahlen müssen. Die Anklage-"Bank" gehört offenbar zum Kredit-Hai-Gewerbe.

Der Polizei-Beamte grüßt freundlich, wie immer. Als ich das erste Mal bei ihm zwecks Karlsruher Auflagenerfüllung vorsprach, klärte er mich über den "größten bürokratischen Schwachsinn" auf, den es seiner Meinung nach in der deutschen Rechtspflege gäbe: der Meldepflicht wegen Fluchtgefahr. "Wenn Sie wollten, Herr Michels, könnten sie in der Woche zwischen den Sonnabenden ja dreimal um die Welt fliegen." Überhaupt verstünde er das gar nicht, daß einer, der doch dauernd im Fernsehen zu sehen sei, auf richterliche Anordnung sein Gesicht live in einer Polizeiwache vorzeigen müsse: "So einen Fall haben wir hier noch nicht gehabt. Die spinnen doch in Karlsruhe. Nichts für ungut, aber warum lassen Sie sich das eigentlich gefallen, Herr Michels?"

Wie die meisten meiner Kollegen hält mich der nette Polizeibeamte für ein Opfer einer völlig überzogenen Stasi-Hatz, ein Wendeopfer. Gut gemeint, aber war ich nicht eher ein Wendehals? Einer, der vor der Wende zwanzig Jahre lang zwar keine Sympathie für den real existierenden DDR-Staat, wohl aber für den Idealismus dort wirkender Sozialisten hatte. Einer, der blind und bequem die Zeichen für Willkür und Unrecht im Arbeiter- und Bauernstaat übersah, um für angeblich höhere Werte, wie Frieden und Abrüstung eitel und selbstgefällig mit Stasi-Brüdern unter griechischer Sonne zu "arbeiten"?

9. November 1989: Mit meinem Freund und NDR-Kollegen Michael Gaede hörte ich SED-Schabowskis historische Pressekonferenz vom falschen Zettel. Uns war sofort klar, daß die neue Ausreiseverordnung der DDR nichts anderes bedeuten könnte, als daß Mauer und Stacheldraht noch in dieser Nacht fielen. Hektisch bestellten wir ein Kamerateam, und mit Thermosflasche und belegten Broten gewappnet, machten wir uns auf den Weg an den nördlichsten deutsch-deutschen Grenzübergang in Lübeck-Schlutup. Gegen 22 Uhr trafen dort die ersten Trabbis ein. Menschen, die das Geschehen noch gar nicht fassen konnten, sich spontan auf den Weg gemacht hatten, "auf ein Bier nach Lübeck". Aus Lübeck selbst kamen auch immer mehr Menschen, wagten sich weit ins Niemandsland. Immer mehr Trabbis, Wartburgs und Ladas tuckerten stinkend über einen Grenzübergang, an dem bisher nur der Müll für Schönberg freie Fahrt hatte. Bier und Sekt flossen in Strömen. Die Menschen sangen und tanzten. Zum ersten Mal kamen mir bei einem Diensttermin die Tränen. Alle weinten vor Glück. Wir arbeiteten durch, 48 Stunden lang, dann saß ich völlig geschafft und übermüdet wieder bei Michael Gaede im Zimmer. Ich sagte ihm, daß

die Grenzberichterstattung ja sehr schön sei, daß aber alle die machten: "Wir müssen rein ins Land. Da ist es spannend."

Leider ließen die DDR-Grenzer inzwischen zwar alle raus, aber niemanden rein, schon gar nicht Fernsehteams. Durch die langjährige Erfahrung mit DDR-Berichterstattung geübt, schlug ich Michael Gaede vor, eines der alten Einreisevisen einfach auf das morgige Datum zu fälschen. Mir würde es dann schon gelingen, die Grenzoffiziere davon zu überzeugen, daß es nur am Durcheinander in Ost-Berlin läge, wenn die Bestätigungen in Schlutup noch nicht eingetroffen seien. So produzierten wir auf einem NDR-Fernschreiber selbst ein Visum, ließen es von unserer eigenen Sekretärin unterschreiben und fuhren an den Grenzübergang Schlutup-Selmsdorf. Es geschah, was ich gehofft hatte: Die DDR-Grenzer waren unsicher, reichten uns über vier Stationen zum höchsten Offizier, und die sind bekanntlich flexibel."Habt ihr ein paar Antje-Aufkleber dabei?"

So bekam ich mit meinem Team ein Dauervisum für die DDR, waren wir die ersten im Lande der aufflackernden Revolution. Mit dem gefälschten Visum in der Tasche, aber den richtigen Stempeln im Paß machten wir darauf tagelang Wismar und Rostock unsicher, stürmten Vopo-Dienststellen und DDR-Bank, Radiosender und Parteizentralen. Erstmals filmten wir im Kernkraftwerk Greifswald, in sowjetischen Kasernen und machten unangemeldete Interviews mit russischen Politoffizieren. Fast zwei Jahre berichtete ich für NDR und ARD aus Mecklenburg-Vorpommern, von LPGs, FDJ, SED und Stasis. Kritische Fernsehbeiträge über alte SED-Stasi-Seilschaften gaben dann auch nach meiner angeblichen Enttarnung als "Top-Agent" Anlaß zu wilden Spekulationen: Während manche Kollegen öffentlich darüber spekulierten, ob ich einem "Racheakt der Stasis" zum Opfer gefallen wäre, glaubten andere, ich hätte die kritischen Stasi-Berichte gemacht, um mir "ein Alibi" zu verschaffen. Wieder andere meinten, mir sei die Aufdeckung vieler Skandale nur gelungen, weil ich eben sehr gute Verbindungen zur Stasi gehabt hätte.

Eigentlich habe ich mir immer eingebildet, ein guter Reporter zu sein. Und tatsächlich habe ich aus der Noch- und Ex-DDR mit heißem Herzen und totalem Engagement für jene berichtet, die absehbar schon ab Frühjahr 1990 aus der SED-Diktatur mit viel mißbrauchter Naivität und Einheits-Kinderglauben direkt in ein politisches System schlidderten, dessen Spielregeln sie nicht gewachsen sein konnten. Mit falschen Versprechen gelockt, jubelten sie schon wieder unter falschen Fahnen. Als ich im Mai 1990 von drohender Massenarbeitslosigkeit bis an die fünfzig Prozent in der Werftindustrie und in der Landwirtschaft berichtete, warfen mir West- wie Ostkollegen Schwarzmalerei vor. Das Schlimmste aber war, mitanzusehen, wie führende SED- und Stasi-Bonzen in einer neuen Koalition mit den Glücksrittern des Kapitals aus der Bundesrepublik die Wende unbeschadet überstanden, während die Demonstranten der friedlichen Revolution auf den Arbeitsämtern Schlange standen.

Nie ist mir in jener Zeit der Gedanke gekommen, ich könnte Komplize jener Bonzen und ehemaligen Spitzel-Führer gewesen sein.

Ein schlechtes Gewissen entwickelte ich nur bei Krankenhaus-Reportagen: Wurde doch jetzt nach der Wende überdeutlich, daß die DDR selbst auf jenen Gebieten wie Gesundheitswesen und Bildung schrecklich versagt hatte, von denen wir Linken in der Bundesrepublik lange annahmen, sie könnten Vorbild sein. Natürlich war ich auch deshalb als Reporter in die DDR gegangen, weil ich glaubte, als Ex-DDR-Bürger und guter DDR-Kenner mehr Sensibilität für die Probleme der Bürger dort in der Wendezeit mitzubringen als viele andere Kollegen. Meine Erfahrung von einem immer fremder werdenden Land kämpfte mit der Sehnsucht, dort trotzdem etwas wiederzufinden, das ich seit meiner Kindheit vermißte.

Aber ich wollte von Wendehälsen und Wendeopfern meiner Geschichte berichten. In meiner Warnemünder Zweitwohnung sah ich einige wieder.

Mai 1990: Auf der Promenade von Warnemünde hatten Pommes-Buden und Eisverkäufer die Gehwege eng gemacht. Cola- und Stuyvesant-Schirme brachten Farbe vor triste Hotelfassaden. Es war ein Sonnabend, und ich kam vom zweiten Frühstück aus dem "Atlantic" am Alten Strom. Plötzlich tippte mir jemand auf die Schulter. Ich drehte mich um: Vor mir standen Jürgen und Wolfgang. "Auf den Besuch warst du wohl nicht vorbereitet?" Das stimmte, aber ich freute mich, die beiden wiederzusehen, hatte oft darüber nachgedacht, was wohl aus ihnen geworden sei. "Seit Januar bin ich Fahrer bei der Berliner Müllabfuhr." Jürgen sagte das mit einem gewissen Stolz. Mit der Jahreswende sei die Normannenstraße praktisch aufgelöst worden.

Jürgen erzählte von seinen großen Enttäuschungen vor allem über Vorgesetzte, einschließlich Rolf. Sie alle hätten viel mehr Privilegien gehabt, als man vorher geahnt hätte. Er sei froh, trotz seiner Müllfahrer-Perspektive, daß der ganze Schwindel vorbei sei. "Irgendwie genieße ich das Proletenleben jetzt sogar, wenn ich morgens um sechs über den Alex kurve, den Dreck der Leute einsammle, weiß, wenn ich Feierabend habe, ist wirklich Feierabend mit Familie, Kindern, oder was mir Spaß macht. Früher bei der Firma hatte man ja nie Feierabend." Beide waren Mitglieder der PDS, enttäuscht über ihre Landsleute, die Helmut Kohl gewählt hatten und außer Videotheken und Gebrauchtwagen nichts im Sinn hätten. Nein, von der sozialistischen Idee seien sie weiter überzeugt, hätten nur endlich gemerkt, wie weit die SED-Staats- und Stasi-Führung von den Idealen entfernt war, für die sie eingespannt worden waren.

Ich sprach Jürgen auf den Mischa Wolf-Zirkel an und was daraus geworden wäre. Jürgen war über seinen Messias enttäuscht: "Am Ende dachten in diesem Wende-Wirbel doch alle nur an sich selbst. Rette sich wer kann. Ich bin eigentlich froh, als einer der ersten vom sinkenden Schiff gestoßen worden zu sein. So habe ich wenigstens noch den Job bei der Müllabfuhr gekriegt." Dann lachte er: "Einige meiner alten Chefs wären froh, wenn sie jetzt wenigstens noch Coladosen und Zigarettenkippen in der Hauptstadt der Republik aufkehren dürften. Ist das nicht komisch?"

Wolfgang war immer noch Professor an der Leipziger Uni: "Aber da baggern schon ein paar Leute in meiner Vergangenheit. Höchstens noch ein halbes Jahr, dann haben die mich geschaßt." Alle drei konnten wir nicht so recht die Schuld ausmachen, der wir uns heute schämen sollten. Keiner von uns hatte Freunde oder Bekannte bespitzelt, verraten oder zu ihrem Nachteil gehandelt. Dennoch waren wir mit der Firma verstrickt, die nun für alles Böse in Deutschland herhalten mußte. Uns war klar, mir mehr als Jürgen und Wolfgang, daß von uns nicht zu verantwortende und schon gar nicht entschuldbare Praktiken der Firma im Innenleben der DDR auch auf uns zurückfielen, wenn Stasiverbindungen bekanntwürden. Jürgen war längst unter Klarnamen und Gehaltsbezügen in der "Anderen Zeitung" aufgetaucht.

Wolfgangs Nähe zur Macht ergab sich schon aus dem Privileg, Westreisen erlaubt bekommen zu haben. Doch was war das Engagement für Abrüstung und atomwaffenfreie Zonen in Mitteleuropa 1990 noch wert? Zu einem Zeitpunkt, an dem Helmut Kohl persönlich die Mauer niedergerissen, Volkswagen, Mallorca und Marlboro eigenhändig in die Trabbi-DDR getragen hatte? In einem Moment, da selbst Gorbi vergaß, daß ihn Kohl einst mit Göbbels verglichen hatte, und Freundschaft mit dem Zeitgeist schloß. Klar, auch Gorbi war aus dem KGB hervorgegangen. Doch Gorbatschows Widersprüche leben andere aus. Obwohl ich zu denen gehöre, die unter den Ungereimtheiten Michael Gorbatschows zur Kasse gebeten werden, bin und war ich immer doch mit Jürgen und Wolfgang sicher, daß jener letzte Mohikaner der großen Oktober-Revolution zu den besseren politischen Führern dieses Jahrhunderts in der Welt gehörte. Nicht zuletzt deshalb, weil Freiheit und Selbstbestimmung auch dann zu den höchsten und am seltensten verwirklichten politischen Zielen gehören, wenn sie mit eigenem Machtverlust und den Risiken nationaler oder religiöser Auseinandersetzungen verbunden sind. Wenn in Bosnien, Bergkarabach oder an der Krim geschossen wird, hat das immer noch mehr mit den Profitinteressen von Waffen-Schmieden zu tun, als mit jenem Selbstbestimmungsrecht der Völker, das Gorbatschow als erster aller Staatsmänner auf der Welt in diesem Jahrhundert nicht nur propagierte, sondern für dieses Ziel auch den eigenen Untergang in Kauf nahm. Daß er sich dafür erniedrigte, auch dem Oggersheimer Plattgeist die öffentliche Freundschaft zu erklären, ist die Opfer seiner Fans wert. Manche bezahlten allerdings mit dem Leben. Wolfgang Fischer wurde im Herbst 1990 auf der Toilette der Leipziger Universität tot aufgefunden. Offizielle Todesursache: Herzversagen.

Sommer 1990 in Warnemünde: Ein Anruf. Björn Engholm möchte mich sehen. Der schleswig-holsteinische Ministerpräsident ist privat in der DDR, eine Nostalgie-Tour. Beim Abendessen treffen wir uns im ehemaligen Gästehaus der SED in Warnemünde. Engholm zeigt mir sein Zimmer, ist vom Charme der Nierentische und der Lampen aus den fünfziger Jahren begeistert. Am nächsten Tag will er mit mir einen Bummel durch Warnemünde machen. Eigentlich wollte Björn nur seine Sammlung originärer DDR-Produkte vervollständigen, in Kaufhallen und Drogerien die Produkte kaufen, von denen er annahm, daß sie vor Jahresfrist vom Markt verschwinden würden. Er meinte jene Waren, die in steifem Recycling-Papier der sozialistischen Planwirtschaft die Wende nicht überleben würden, also eigentlich alle DDR-Produkte. Am Alten Strom von Warnemünde tranken wir Faßbrause für 50 Pfennig den halben Liter, und Björn philosophierte über den Untergang der DDR. Das ginge ihm alles zu schnell, er könne gar nicht so fix auf den Auslöser seiner Kamera drücken, wie sich das Leben hier verändere. Da drüben im Rostocker Hafen würden am Monatsende rund 10.000 Mann entlassen, das müsse man sich einmal vorstellen: "Mit den Familien sind das fast 30.000 Menschen in Sichtweite, deren Leben sich schlagartig zum Schlechteren verändert."

Engholm gestand zu, daß die SPD auch keine sicheren Lösungen im deutschen Einheitsprozeß besitze, vor allem aber, daß die SPD im Osten ein Haufen kleinkarierter Schauspieler sei: "Weißt du Bernd, als ich vor ein paar Monaten auf deren Gründungsversammlung war und feststellte, daß von den siebzig Spitzengenossen über fünfzig Pastoren waren, da wußte ich: Das geht schief." Ich erzählte Björn von meinen Begegnungen mit Gregor Gysi, dem PDS-Chef, und von meinem Eindruck, daß die besten und intelligentesten DDR-Interessenvertreter leider noch immer in der SED-Nachfolgeorganisation angesiedelt seien. "Ihr seid doch bescheuert, wenn ihr engagierte junge Leute von der SPD-Mitgliedschaft ausschließt, nur, weil sie einmal in der SED waren." Engholm gab mir recht, gab mir zugleich aber zu bedenken, daß man die öffentliche Meinung, wie immer man sie auch bewerte, berücksichtigen müsse.

In einem Fernsehbeitrag habe ich mich dann dafür über ihn lustig gemacht, daß er krampfhaft versuchte, auf einer SPD-Veranstaltung in Mecklenburg die Anrede "Genossinnen und Genossen" zu vermeiden und stattdessen von den lieben "Ludwiglustern und -lusterinnen" sprach. Dabei verhaspelte er sich und suchte die Peinlichkeit mit der Anmerkung zu überspielen, die Zeit sei noch nicht "wieder reif" für sozialdemokratische Selbstverständlichkeiten. Ohne Lafontaines Freund oder Bewunderer zu sein, gab Engholm privat dem Saarbrücker Parteifreund in allen Punkten seiner kritischen Wendeanalyse recht, ging in der düsteren Vorahnung des wirtschaftlichen Niedergangs östlich der Elbe sogar noch ein paar Schritte weiter, ohne dies aber je öffentlich zu bekunden. Das eben war sein Erfolgsrezept: zu fühlen, was war, und zu sagen, was gehört werden wollte, ohne eigene Festlegung.

"Sag mal Björn, der Modrow war doch mal dein Freund." Ich erinnerte meinen Landesvater an Begegnungen vor und während der Wende, als er selbst nicht müde geworden war, stolz auf seine Freundschaft zu Hans Modrow, dem ehemaligen ersten Sekretär der SED in Dresden, hinzuweisen. Auch wußte ich von historischen Begegnungen der beiden, zum Beispiel am 10. November 1989. Damals hatte Björn Modrow zu später Stunde in die Ostberliner Kneipe "Letzte Instanz" gebeten, in der er mit DDR-Freunden nicht nur seinen fünfzigsten Geburtstag, sondern auch den Mauerfall feierte. Als Modrow im Trainingsanzug weit nach der Sperrstunde dort erschien, meldeten die Wirtsleute dem feiernden Engholm im Hinterzimmer, draußen stünde einer, begehrte Einlaß und sähe dem Hans Modrow ziemlich ähnlich. Engholm: "Das ist Modrow. Laßt den rein, das ist mein Freund."

"Ist Modrow immer noch dein Freund?" Engholm war die Frage sichtlich unangenehm. Er zuckte mit den Schultern: "Der Hans Modrow hätte sich aus dem öffentlichen Leben zurückziehen sollen, dann könnte ich sein Freund sein. Er hätte nicht in den Bundestag gehen sollen, das mußt du doch verstehen."

September 1990: Im Westberliner Kongreßzentrum soll Oskar Lafontaine als Kanzlerkandidat und kommender Parteiführer auf dem SPD-Bundesparteitag aufgebaut werden. Meine Frau Nicoline und ich sind privat dabei. Wir wohnen bei Jürgen, dem "Müllfahrer", ziemlich dicht an der Normannenstraße. Zwischen uns und Jürgen mit seiner Rosi hatte sich nach der Wende eine ganz private Freundschaft ergeben. Sie hatten uns besucht, bei uns auf dem Weg an die Nordsee übernachtet, sie boten uns Gästebetten im überfüllten Berlin der Nachwendezeit.

Auf dem Parteiabend der schleswig-holsteinischen SPD im Hotel "Stadt Berlin" war auch Björn dabei. Das, so sagte ich Jürgen, wäre eine gute Gelegenheit, seinen Traum zu verwirklichen, Björn Engholm einmal persönlich kennenzulernen. Und so geschah es. Jürgen und Rosi kamen mit. Der Stasi-Offizier, der Jahre zuvor Analysen und Einschätzungen zu sozialdemokratischem Führungspersonal über Zeitungslektüre hatte machen müssen, ohne je eine seiner Zielpersonen hätte persönlich in Augenschein nehmen können, saß plötzlich mit Björn Engholm an einem Tisch. Er diskutierte mit ihm über die deutsche Einheit, als wäre er einer von uns. Ich bin mir ziemlich sicher, daß Jürgen im Sinne sozialdemokratischer Deutschland-, Friedens- und Entspannungspolitik wirklich einer von uns war und ist. Heute bedauere ich, daß ich nicht schon damals den wahren Hintergrund des filmreifen Treffens zwischen Engholm und seinem zuständigen HVA-Offizier offenbart habe: Denn damals war Jürgen, wie ich, noch voll davon überzeugt, daß wir beide sozialdemokratische Deutschlandpolitik immer unterstützt und ihr nie geschadet haben.

In der Nacht nach jenem denkwürdigen Parteiabend fuhren wir in die Paris-Bar, saßen mit Hotte Ehmke, Freimut Duve und anderen Spitzengenossen, Jürgen und Rosi in der Mitte, zusammen und schwadronierten über alte Zeiten. Der Ex-Stasi-Offizier trank und lachte mit den Genossen, als wären die Geschichten vom Übertölpeln der Kommunisten ein Stück von ihm. Prost, Genosse.

Ein paar Monate später hatte ihn die Vergangenheit wieder eingeholt. Ehemalige Stasi-Mitarbeiter, egal, ob sie in der Küche der Normannenstraße Kartoffeln geschält oder Dienst in den höheren Etagen geschoben hatten, konnten und sollten nicht mehr im öffentlichen Dienst beschäftigt werden. Und das Fahren einer Kehrmaschine zwecks Reinigung der Berliner Straße war nun zweifellos eine Tätigkeit, die besondere Verfassungstreue verlangte. Jürgen stand mit seinem schönen, neuen Proleten-Job auf der Abschußliste. Auch Rosi, Krankenschwester in der Charité, mußte um ihren Arbeitsplatz bangen, waren doch Stasi-Ehefrauen quasi per Trauung mit dem Verfassungsbruch verheiratet. Wenn sich Deutsche schon mal mit der Moral und der Gerechtigkeit beschäftigen, und das kommt eigentlich immer rückblickend vor, dann mit einer Gründlichkeit, die alles in Grund und Boden stampft.

Natürlich war für Jürgen und Rosi auch die Wohnung in Gefahr, beileibe keine, die als Privileg hätte gelten können, aber eine, die über Stasi-Verbindungen bezogen worden war. Ziemlich down, meldete sich Jürgen im Frühjahr 1991, fragte bei mir an, ob ich ihm bei der Job-Suche vielleicht behilflich sein könnte. Fernfahrer oder Vertreter, ihm sei schon alles egal. Wochenlang hätte er sich nun schon die Finger wund geschrieben, verschweige dabei seine Vergangenheit nicht, weil er mit der Angst nicht leben wolle, daß es doch rauskomme, und er dann wieder auf der Straße säße. Ich wollte mich um ihn kümmern. Wir verabredeten, daß er uns im Juni in Kiel besuchen kommen sollte. Am vereinbarten Wochenende warteten wir vergebens. Am frühen Abend dann ein Anruf. Jürgen entschuldigte sich, das Auto sei kaputt gegangen.

In Wahrheit war wohl etwas anderes kaputt gegangen: Jürgens Hoffnung, Arbeit und Einkommen zu finden.

Heute weiß ich, daß Jürgen in jenem Frühsommer 1991 bereits in der Mangel von BND und BKA ausgewrungen wurde. In diesen Gesprächen konnte der Geheimdienstfachmann wahrscheinlich gebotenen Perspektiven nicht widerstehen. Und ich würde es ihm nicht einmal übelnehmen. Schließlich hatte er, anders als Rolf, noch keine Möglichkeit, in den Vorruhestand zu gehen, war im Neuen Deutschland gezwungen, neu anzufangen. Und wo, bitteschön, wäre eigentlich der Unterschied zwischen dem Fernfahrer-Job, dem Immobilien-Makler-Gehilfen, dem Staubsauger-Vertreter oder dem Beruf, den man schließlich gelernt hatte: Alle dienen auf ihre Weise dem störungsfreien Getriebe einer freien Marktwirtschaft. Und Fachleute, das hat deutsche Tradition, werden in jedem System gebraucht. Warum nicht auch Dr. Jürgen?

28. Juli 1991: Ein Sonntag. Kurzfristig hatten sich Jürgen und Rosi für einen Ausflug nach Warnemünde angesagt. Die "Hanse Sail" Abschlußparade sollte an diesem Tag stattfinden. Ich sollte für die Tagesschau ein paar schöne Bilder machen. Nachmittags gegen 16 Uhr trafen Jürgen und Rosi ein, entschuldigten sich für die Verspätung, ihr Auto hätten sie wegen der Staus irgendwo in Rostock gelassen. Aus dem gemütlichen Kaffeetrinken wurde nichts. Jürgen machte einen gedrückten, fahrigen Eindruck, saß wie auf Kohlen. Ich konnte nicht ahnen, daß er längst in den Händen des BND war und die Tour zu mir unternommen hatte, um mich zu warnen. Er beging den letzten "Freundschaftsdienst" mit der Angst, observiert zu werden, denn den Kontakt zu mir hatte man ihm auf jeden Fall verboten. "Leider", so sagte Jürgen, "kann man nun nicht mehr sicher sein, daß du nicht mit Stasi-Verstrickungen bekannt wirst. Da wird gewühlt und geplau-

dert." Er sei gekommen, um mich zu warnen, denn es würde ihm leid tun, wenn ich nun Nachteile hätte. Ich reagierte im Gefühl jener Naivität, in der ich zwanzig Jahre lang mit den DDR-Freunden gehandelt hatte: "Was soll mir groß passieren? Ich habe niemanden verraten, keine Geheimnisse verkauft und könnte unsere Treffen schon erklären." Jürgen lachte gequält: "Ja, so bist du. Aber nimm das nicht auf die leichte Schulter. Es ist ernst." Dann drängte er zum Aufbruch. Ich sagte: "Auf Wiedersehen." Er sah mich groß an, antwortete: "Mach's gut." Es war das letzte Mal, daß ich ihn gesehen habe.

Die Geschichte dieser Warnung erzählte ich am 18. November 1991 dem Ermittlungsrichter, nannte Jürgens Nachnamen und seine Adresse. Ich hatte mich schon gewundert, daß der BKA-Beamte beim Durchblättern meines Telefonbuches jene Stelle, an der Name und Adresse des Stasi-Offiziers unübersehbar eingetragen waren, geflissentlich überging. Noch mehr wunderte mich, daß Bundesanwaltschaft und BKA-Beamte vor dem Ermittlungsrichter so taten, als sei ihnen ein Stasi-Offizier namens Jürgen im Zusammenhang mit meinem Fall völlig unbekannt. Gleichzeitig aber akzeptierten sie die von mir erzählte Geschichte seiner Warnung und würdigten sie ausdrücklich im Haftverschonungs-Beschluß als Beweis nicht bestehender Fluchtgefahr.

Ein ARD-Kollege, der seit einem Jahr in Stasi-Geschichten recherchiert, klärte mich vor ein paar Wochen auf: Der Ex-Stasi-Offizier stehe seit über einem Jahr "unter dem Schutz einer Bundesbehörde" und habe seine Mitarbeit bei dieser Behörde davon abhängig gemacht, daß er in einem möglichen Verfahren gegen Bernd Michels von seinem Aussageverweigerungsrecht Gebrauch machen könne.

Spionage auf deutsch gerichtlich, geschweige denn gerecht aufzuarbeiten, ist wohl unter heutigen Bedingungen ein fast unmögliches Unternehmen. Trotzdem wird es immer wieder versucht. In meinem Fall wohl eher durch die BILD-Zeitung als durch die Strafverfolgungsbehörden, deren Erkenntnisse mindestens schon ein Vierteljahr vor der überstürzten Festnahme den Stand vom 18. November 1991 hatten. Daß sie so lange tatenlos blieben und erst durch BILD-Schlagzeilen aufgeschreckt handelten, läßt den Verdacht zu, daß BKA und Bundesanwaltschaft meinen Fall entweder als "von geringerer Bedeutung" gehandhabt hatten, oder aus Gründen "höheren Staatsinteresses" beteiligte Zeugen schonen wollten.

Zeugen?

Rolf, im vorzeitigen Ruhestand schweigt sich aus.

Klaus-Peter Bigalke, Helmut Kohls Parteifreund in Amt und Würden, hat kaum Interesse, alte Geschichten aufzuwärmen.

Wolfgang Fischer ist tot.

Jürgen steht unter dem Schutz der Bundesbehörden, die einen "Agentenfall" aufzuklären haben, bei dem ich als einziger "abstrafwürdig" übrigbleibe.

Bliebe jener ehemalige Stasi-Offizier namens Peter Eberlein, der vom Hörensagen und Tratsch der Normannenstraße Geschichten an die Boulevard-Presse verkauft, sich mal als mein angeblicher Anwerber, mal als mein angeblicher Führungsoffizier wichtig machte. Die Tatsache, daß er in dieser Geschichte gar nicht vorkommt, obwohl Anwerbung und Führung ausführlich beschrieben und mit Namen versehen offenbart werden, mag die Glaubwürdigkeit des Herrn Eberlein schon genug entkräften. Aber daß ihn die Bundesanwaltschaft ungern als Kronzeugen benennen wird, hat andere Gründe. Es war ein BKA-Beamter, der mir zu den Eberleinaussagen sagte: "Den fassen wir mit ganz spitzen Fingern an. Der ist nämlich schon 1979 aus dem MfS herausgeflogen und hat dann drei Jahre im Gefängnis gesessen. Wegen Unterschlagung von Agentengeldern."

Im Frühjahr 1992 verkaufte Eberlein sein vermeintliches Wissen auch bei SUPER. Nun bezichtigte er den Schriftsteller Günter Wallraff, Ende der sechziger Jahre "von der Stasi als geworben betrachtet worden zu sein", und verlieh dem ahnungslosen Autor den ehrenrührigen Tarnnamen "Walküre". Als Wallraff mit Unterlassungsklagen und Schadensersatzforderungen gegen SUPER prozessierte, wurde der Tarnname "Walküre" in einen sogenannten "Vorgang Walküre" abgeschwächt, wogegen sich Wallraff nicht mehr wehren konnte, denn daß über ihn eine Akte geführt wurde, wußte er spätestens seit der Ausbürgerung seines Freundes Wolf Biermann.

Wieviel tragikomische Opern aus der Feder des Peter Eberlein noch folgen, ist unklar, sicher ist aber, daß er das freihändige Singen zur Profession gemacht hat und dafür nicht schlecht bezahlt wurde.

Kommen wir zum letzten Beteiligten am "Fall" Bernd Michels: Jenem Mann, mit dem 1971 alles anfing, den ich 1973 zum letzten Mal gesehen habe, und der doch angeblich immer in hoher Position "mit schützender Hand" über mir geschwebt hatte. Der grüßende Geist von der fremden Macht. Was war eigentlich mit Onkel Günther?

13. Juni 1992: Ein schwül-warmer Sonnabend. Morgens um sechs hatte ich in Kiel meiner Meldepflicht genüge getan, war dann zum Bahnhof gefahren, zu dem Mann, dem ich die Meldepflicht mittelbar zu verdanken hatte. Auf dem Weg durch die immer noch verträumte Ex-DDR las ich in der ZEIT ein Dossier unter dem Titel "Lebenslang Bundesbürger": Geschichten über die heutigen Lebensumstände ehemaliger SED-Größen, DDR-Minister, Stasi-Offiziere. Fast alle waren sie inzwischen Rentner, aus Staatswohnungen und Häusern verbannt. Mal mehr, mal weniger selbstkritisch gaben sie Auskunft über ihre Gefühle. Fast schon uniform trafen die ZEIT-Reporter das ehemalige Führungspersonal des Arbeiter- und Bauernstaates in Trainingshose und Unterhemd an.

In Berlin-Lichtenberg nahm ich die U-Bahn, fuhr ans Ende der Wohlstandswelt: Marzahn. Plattenbauweise kilometerweit. Ich fragte nach einer Straße. "Da müssen sie Paul-Verner-Straße aussteigen." Natürlich hieß die Paul-Verner-Straße inzwischen Luis-Levin-Straße, aber den Menschen hier am Rande der neuen freien Marktwirtschaft waren die alten Namen schon fast wieder lieber. Es war tatsächlich das letzte Haus in der letzten Straße des letzten Viertels von Berlin.

Auf den Parkplätzen vor den Neubauten standen ausgebrannte und ausgeplünderte Wartburgs und Trabbis. Kaum Leben auf der Straße, aber überall in den Fenstern Menschen in Unterhemden. Viele Türschilder trugen keine Namen. Hierher hatte man eine ganze Reihe sogenannter "staatsnaher" Ex-DDR-Größen verbannt. Die Anonymität schützte vor Beschimpfung und Boulevard-Presse.

Ich klingelte im dritten Stock. Onkel Günther stand in Trainingshose und Unterhemd vor mir. Er erkannte mich nicht sofort, dann reagierte er unsicher: "Wie hast du mich bloß gefunden. Ich dachte, sie hätten dich am Schlafittchen. Nein, ist das aber eine Freude. Kaffee?"

Seine Frau ging in die Küche, Günther sah mich gespannt an. Ich erinnerte ihn an unsere Begegnungen vor zwanzig Jahren, fragte ihn, was er sich damals dabei gedacht habe, wie er heute über diese seltsame Geheimdienstgeschichte denke, wer er überhaupt war: "Ich habe dich immer in der Sowjetunion vermutet, dachte an eine Verbindung zum KGB." Günther lachte laut auf. "Völlig falsche Richtung. Ich habe in Tokio, in Houston in Texas und in Stockholm gearbeitet." Dann erzählte er: Offizier im besonderen Einsatz sei er gewesen, so etwas ähnliches wie Schalck-Golodkowski, nur nicht auf wirtschaftlichem Gebiet, mehr in der technologischen Richtung. Er habe für die DDR auf dem Sektor der Kernenergie Verträge vorbereitet und verhandelt. Diese Verträge sollten in Sachen Entsorgung und Wiederaufbereitung zu einer größeren Unabhängigkeit der DDR von der Sowjetunion führen. Weil die DDR als Staat im westlichen Lager nicht anerkannt war, es keine entsprechenden Handels- oder Forschungsabkommen gegeben habe, habe man eben unterhalb der offiziellen Ebenen mit solchen Konstruktionen gearbeitet, eben mit Offizieren im besonderen Einsatz. "Kohl, Strauß, Schäuble haben ja auch nicht mit dem offiziellen Außenhandelsminister Beil verhandelt, sondern mit dem Offizier im besonderen Einsatz, Schalck-Golodkowski." Und so habe er auch mit Ministern in Japan und den USA, ja selbst mit Olof Palme höchstpersönlich verhandelt. "Die wußten immer, woher ich wirklich kam, wie das bei uns in der DDR läuft, hatten nie Hemmungen, mit uns zu verhandeln, Geschäfte zu machen." In den USA habe er immer einen FBI-Mann an der Seite gehabt, habe sich mit dem angefreundet und nächtelang gesoffen. Um mich habe er sich die ganze Zeit nicht gekümmert. Ab und zu habe er von Rolf, mit dem er befreundet gewesen sei, von mir gehört. Dann habe er erst wieder durch die BILD-Zeitung von dem Spionage-Quatsch gehört.

"Wieso Quatsch", fragte ich ihn, "war da etwa keine Spionage im Spiel?" Günther wand sich, sagte, das sei nie die Absicht gewesen: "Konnte doch auch niemand ahnen, daß du mal in die Politik gehst, damals. Und dann natürlich schon gar nicht, daß die SPD-Genossen aus Kiel mal diese Karrieren machen. Schon von daher gab es keine Konzepte oder Geheimdienstplanung mit dir. Rolf wollte doch nur ein paar Sachen über dich in den West-Medien streuen, schließlich warst du Journalist und ja wohl nicht gerade Sozialismus-unfreundlich."

Er offenbar bis heute auch nicht. Da lag das "Neue Deutschland" auf dem Tisch und Günther beschwerte sich über seine 1200 DM-Rente, die nach dem Einigungsvertrag für staatsnahe Personen, wie er eine sei, nicht angepaßt würde. Jetzt zahle er 463 DM Miete für diese Zwei-Zimmerwohnung, nächstes Jahr schon fast 700 DM: "Wovon sollen wir leben? Einen Job gibt uns doch keiner. Und da wundern sich die Bonner, daß alte Seilschaften neue krumme Geschäfte machen?" Gelegentlich treffe er sich mit alten Freunden vom MfS. "Wir trinken unser Bier zusammen, weil andere Menschen ja nicht mit uns sprechen." Das seien eher Altherrenabende mit Erinnerungsaustausch, aber manche Medien machten daraus schon wieder eine Gefahr für den Rechtsstaat. Ihn habe die BILD-Zeitung auch schon am Wickel gehabt.

Ich fragte ihn, ob er denn alles verantworten könne, was die Stasi im Innern der DDR angerichtet habe. Günther versuchte abzulenken. Er kenne Japan, die USA und Schweden, und dort würden die Regierungen ihre Bürger auch bespitzeln. Da meldete sich seine Frau: "Ne, ne, Günther, so kann man das nicht vergleichen. Das war hier schon gründlich deutsch. Und an diesen Schweinereien ist die DDR zu Recht untergegangen. Ist jedenfalls meine Meinung."

Günther schwieg. Dann zuckte er mit den Achseln: "Was habe ich damit zu tun? Ich war doch gar nicht da."

Nachtrag

17. August 1992: Heute, fast auf den Tag neun Monate nach meiner Verhaftung, habe ich erstmals Akteneinsicht bekommen. Natürlich ist jedes Blatt darin geheim. Und weil ich nicht mit jener bundesanwaltlichen Nachsicht rechnen kann, die BILD und SPIEGEL bei der millionenfachen Verbreitung einiger Beschuldigungen aus meiner Geheimakte erfahren haben, will ich mich hier zum Inhalt nur ohne Namensnennung äußern.

Tatsächlich wird der Verdacht der geheimdienstlichen Tätigkeit gegen mich auf die Aussagen dreier ehemaliger Mitarbeiter der HVA gegründet. Alle drei kommen in diesem Buch vor, werden von mir sehr verschieden geschildert. Aber da waren sie ja noch DDR-Bürger. Nun kann ich mir beim Aktenstudium das Lachen kaum verkneifen. Übereinstimmend sind sie nämlich alle drei schon immer gegen die DDR im allgemeinen und den Sozialismus im besonderen gewesen. Einer wollte sich immer schon dem BND offenbaren, weil er schon vor zwanzig Jahren erkannt hatte, dem falschen System zu dienen, der zweite hatte in all den Jahren nur seinen katholischen Glauben und die innere Einstellung, durch sein Stasi-Engagement in Wahrheit seiner Partei, der CDU, im Sinne des Gedankengutes ihrer westlichen Schwester Gutes zu tun. Der dritte schließlich ist froh, reinen Tisch machen zu können, dem Unrechtssystem DDR entronnen zu sein. Und so packen denn die drei Musketiere von der ehemals unsichtbaren Front aus, streifen ihre von der HVA erzwungene DDR-Lebenslegende ab und eine neue BND-BKA-freundliche Legende über.

Aber es muß wohl Legenden in der Legende gegeben haben. Denn während verdeckte Anwerbung, Entwicklung, Ziel und Inhalt meiner Stasi-Verstrickung in der geheimen Ermittlungsakte weitgehend dem entsprechen, was in diesem Buch steht, weichen die Aussagen der drei DDR-Beteiligten in zwei wesentlichen Punkten von meiner Geschichte ab: Erstens soll es weit mehr Reisen gegeben haben, zweitens viel mehr Geld, als von mir geschildert.

Da werden Summen und europäische Städtenamen genannt, die ich nie gesehen habe, entsprechende Gegenleistungen mir zugeordnet, die ich beim schlechtesten Willen nicht hätte erbringen können, selbst wenn ich das gewollt hätte. So habe mir einmal - 1978 - HVA-Chef Mischa Wolf höchstselbst 25.000 DM über einen Stasi-Offizier aushändigen lassen, ein Jahr später seien noch einmal 15.000 DM für die Anschaffung eines PKW an mich gezahlt worden. Warum ich so hoch bezahlt worden sei, wird von einem der drei Neubundesbürger so beantwortet: Ich hätte hochwertiges Material geliefert, nämlich ausführliche Interna über Björn Engholm. Dies, so der Ex-Stasi-Offizier, zwischen 1976 und 1979. Spätestens an dieser Stelle müßte aufmerksamen Bundesanwälten deutlich werden, daß da was nicht stimmt.

Wer war Björn Engholm in jener Zeit, und wo war ich in dieser Zeit? Hatte die HVA prophetische Gaben, oder warum sonst sollten Interna über den Mann, der erst zehn Jahre später ins exklusive politische Blickfeld rückte, so wertvoll sein. Noch dazu von einem Mann geliefert, der in jener Zeit in Kiel ansässig zu den Bonner Karriere-Plänen des Björn Engholm weder Zugang noch irgendeinen dienstlichen oder privaten Draht hatte. Hier wird das Pferd von hinten aufgezäumt, der Top-Agent Bernd Michels aus heutiger Sicht nachträglich aufgebaut. Gut für die mögliche Anklage, gut für HVA-Agenten, die Legenden sponnen, sich wichtig machten und ganz nebenbei wohl selber kassierten. Eine mögliche Erklärung für solche absurden Behauptungen lieferte der Ex-Stasi und Neu-BKA-Zeuge gleich mit: Zwar habe er mich in den letzten fünfzehn Jahren nicht gesehen, aber vor kurzem im Fernsehen sofort wiedererkannt. Und auf Vorbehalt: Die 25.000 DM, die er 1978 für Michels bei Mischa Wolf abgeholt habe, seien ihm später als Unterschlagung von "operativen Geldern der HVA" in einem Prozeß vorgehalten worden. Er habe dafür drei Jahre in einem Gefängnis sitzen müssen. Die Geldgeschichten seien nur der Vorwand gewesen, in Wahrheit habe man ihn für den Versuch bestraft, zum BND zu wechseln.

Geheimdienste, so meine letzte Lektion, leben von Legenden. Vor allem von jener, daß mit heren Zielen, staatlichen Orden, bombastischen Apparaten, viel "operativen Geldern", wichtigen Auslandsreisen und großzügigen Spesen Sicherheit produziert oder große Politik gemacht wurde.

Wer Geheimdienst-Treffs als Ferien tarnt, könnte auch den umgekehrten Fall versuchen. Und die Silberlinge aus der Normannenstraße, die allesamt ohne Quittungen geflossen sein sollen, haben in vielen Taschen Platz. Vor allem natürlich in denen jener Agentenführer, die heute in Pullach und Karlsruhe beschwören, daß sie der DDR und dem Sozialismus eigentlich schon immer schaden wollten, wahrscheinlich nur von Agenten wie mir zu "Kundschaftern des Friedens" verführt worden sind.

Der Generalbundesanwalt ließ mir mit der Akteneinsicht mitteilen, daß er noch kein klares Bild darüber habe, wann, wie, gegen wen und in welchem Umfang er Anklage erheben werde.

Nach meinen Erfahrungen melde ich leise Zweifel daran an, daß es je ein klares Bild bei der Aufarbeitung deutscher Geheimdienstvergangenheit geben wird. Zuviele Interessen sprechen dagegen. Aber vielleicht versucht man es ja in meinem Fall: Dieses Buch meiner Geschichte - so gelebt und empfunden - soll Aufklärung anreizen. Die Fortsetzung wird möglicherweise vor Gericht geschrieben.